Préface

« Croyez en vos rêves et ils se réaliseront peut-être. Croyez-en vous, et ils se réaliseront sûrement. » (*Martin Luther King*)

Né en 1951 à Grand Bassam, parti de zéro, Germain OLLO croyait en lui. Comme Martin Luther King l'a prédit, il a réalisé son rêve en devenant l'un des plus grands entrepreneurs de Côte d'Ivoire.

Oui, j'ai bien dit entrepreneur, et pas homme d'affaires, car ce n'est pas tout à fait la même chose. En effet, si ces deux catégories ont des points communs, et si elles ont besoin l'une de l'autre, ces deux sortes de « businessmen » ne doivent pas être confondus.

Leur différence principale tient à la nature de leurs objectifs. Alors que les hommes d'affaires pénètrent un marché avec comme but principal la recherche du profit, les entrepreneurs, eux, cherchent avant tout à résoudre un problème.

Pour faire simple, les premiers cherchent avant tout ce qui marche ou ce qui pourrait marcher, tandis que les seconds veulent combler un manque grâce à « leur vision, et leur volonté de la transformer en réalité » (*David Karp*).

La Côte d'Ivoire compte des milliers d'hommes d'affaires aux succès avérés.

Or, même si la jeune génération semble attirée par l'entrepreneuriat et a déjà ses idoles, comme Ben Aziz Konaté ou Fabrice Sawegnon par exemple, dans les années 80 en Côte d'Ivoire, les entrepreneurs se comptaient sur les doigts des deux mains.

L'entrepreneuriat avait pourtant bien commencé en Côte d'Ivoire. En effet, dès les années 70, l'État, souhaitant encourager les ivoiriens à créer leurs entreprises, avait promulgué des mesures extrêmement incitatives.

Les dossiers de candidatures affluant, il était légitime de penser que la Côte d'Ivoire allait devenir l'équivalent du Mittlestand allemand, et regorger d'entreprises familiales fortement attachées à leur territoire, dont la stratégie s'inscrirait dans la durée.

Le problème, c'est que la majorité de ces dossiers étaient remplis par des fonctionnaires ou des salariés. N'ayant pas le temps de gérer eux-mêmes leurs entreprises nouvellement créées, ils les confiaient à des connaissances ou des membres de la famille peu qualifiées pour ces fonctions.

Résultat, une génération « d'entrepreneurs absentéistes », dont les entreprises font faillites par centaines dans les années 80.

À ce phénomène, il faut rajouter la concurrence féroce que les entreprises étrangères, majoritaires en Côte d'Ivoire, livrent aux entrepreneurs locaux et la crise économique sévère que le pays traverse à cette époque.

Dans ce contexte, il est facile de comprendre que se lancer dans l'entrepreneuriat dans les années 80 en Côte d'Ivoire, ressemblait à la formule de Marc Twain « ils ne savaient pas que c'était impossible, alors ils l'ont fait ».

Et de fait, à l'image de Nsikan Kouamé, né en 1931 dans la région de Bouaké, fils de paysan, éleveur de poulets dans son adolescence, qui fonda UTB en 1984,

Ou, de Jean Kacou Diagou, né en 1948 à Abidjan, universitaire, parti continuer ses études et démarrer sa carrière à Paris, qui fonda NSIA en 1995,

Germain OLLO fait partie de cette petite poignée de chefs d'entreprises ivoiriens dont les structures existent encore aujourd'hui.

Germain OLLO n'est pas devenu entrepreneur par défaut, comme le font, contraints et forcés, beaucoup de gens sans emploi. Lorsqu'il a décidé de créer sa première entreprise il a quitté un poste de Directeur Général salarié dans une entreprise performante.

Il ne souhaitait pas non plus avoir une rente et laisser la gestion de ses affaires à d'autres. Présent 12 heures par jour dans ses entreprises, il se comparait à la fois à celui qui guide le groupe, et à celui qui marche derrière pour le protéger.

Germain OLLO était devenu entrepreneur, parce qu'il « existe de par les chemins, une race de gens qui, au lieu d'accepter une place que leur offrait le monde, ont voulu s'en faire une tout seuls, à coup d'audace ou de talent ». *(Jules Valles, Les réfractaires)*

Conscient d'appartenir à un groupe d'individus particuliers, Germain OLLO définissait l'entrepreneur comme « l'homme qui a du piment dans son caractère et dans son intelligence ».

Il nous a quitté le 28 Décembre 2022 après une lutte acharnée contre le cancer. De l'avis général, c'est, durant toute sa vie, la seule bataille qu'il a perdue.

Pour ces collaborateurs, dont je faisais partie, son départ laisse un vide immense.

Bien que je ne sois ni celle qui a le mieux connu Germain OLLO, ni celle qui a le plus longtemps travaillé avec lui, l'idée de ce portrait a alors immédiatement germée en moi pour deux raisons.

La première, c'est que je souhaitais rendre hommage au patron très humain qu'il était.

Alors que je n'étais qu'une DG parmi la dizaine que compte ses structures, il savait que j'étais sans famille en Côte d'Ivoire et que, si j'avais passé de nombreuses années à Bouaké, je n'avais jamais travaillé à Grand Bassam. Je n'y connaissais donc personne.

Aussi à chacune de nos rencontres, il prenait le temps de me demander si le moral était bon et si j'arrivais à m'acclimater. Il m'a invité chez lui et m'a présenté certains membres de sa famille.

Mais ce qui m'a le plus touché, c'est sa présence et sa compassion lorsqu'un deuil familial m'a frappée, et que je n'ai pas pu rentrer en France à cause de la fermeture des frontières pendant la Covid-19.

Pour mes collègues, cette prévenance était « normale » car il portait une attention particulière aux évènements familiaux de ses collaborateurs. Mais pour moi, qui n'était pas habituée à ce genre de comportement, sa sollicitude m'est allée droit au cœur.

La seconde raison pour laquelle j'ai souhaité écrire cet ouvrage, c'est pour mettre en lumière que l'Afrique, au même titre que le continent américain a ses modèles de businessman et qu'elle gagnerait à les mettre plus en avant, notamment auprès de la jeunesse.

Ce sujet me tient particulièrement à cœur car, lorsque j'enseignais à l'Université de Bouaké notamment, j'ai vu à quel point les étudiants avaient besoin de modèles locaux pour améliorer leur confiance en eux et renforcer le courage de se lancer.

Spécialisée en entrepreneuriat, travaillant au service d'entrepreneurs depuis 25 ans, il était donc primordial pour moi « d'analyser » mon Président en tant qu'entrepreneur, tant au niveau de ses traits de personnalité, que de ses comportements entrepreneuriaux.

Ma collaboration avec Germain OLLO, m'a donc servi à établir une étude comparative entre ce que je connais au niveau théorique et pratique de l'entrepreneuriat au niveau occidental, et ce que j'observais chez un entrepreneur africain.

C'est cette analyse qui sera développée dans la deuxième partie de ce portrait, après avoir détaillé le parcours de Germain OLLO dans le premier chapitre.

Chaque étape de son parcours sera résumée par un conseil mettant en lumière les leçons que nous enseignent son comportement entrepreneurial.

Cet ouvrage est volontairement court.

Non pas parce qu'il n'y avait pas plus à dire sur cet homme exceptionnel. Un livre de 1000 pages serait nécessaire pour pénétrer toute la richesse du caractère de Germain OLLO.

C'est simplement parce que j'ai souhaité que cet ouvrage se rapproche d'un manuel, consultable régulièrement par les personnes qui souhaitent se lancer dans l'entrepreneuriat.

Je pense sincèrement qu'avoir l'exemple du parcours, et les clés de la réussite de Germain OLLO quotidiennement à sa portée, est une ressource précieuse pour ceux qui veulent réussir, qu'ils soient africains ou occidentaux.

Dans le but de refléter le plus fidèlement possible sa pensée, ce sont ses propres phrases ou les dialogues que nous avons eus qui illustrent les différentes sections de ce livre.

RENCONTRE AVEC GERMAIN OLLO

Entre Inspiration et Passion

Entre Germain OLLLO et moi, tout commence en France.

C'est là que je le rencontre pour la première fois, alors que ses équipes m'ont embauchée pour diriger l'EHB (L'école Hôtelière de Grand Bassam) à Grand Bassam – Côte d'Ivoire.

Nous nous retrouvons dans la magnifique région du Périgord pour finaliser le partenariat avec l'école hôtelière de Savignac, lui arrivant de Paris, et moi de Lyon où je finissais les vacances d'été.

À cet instant, je n'ai vu celui qui devient mon Président qu'en photo. Je dois avouer qu'a travers ces différentes illustrations, sa stature et sa prestance, accentuées par sa taille et sa carrure, m'ont déjà frappée. C'est donc un peu impressionnée que j'aborde cette première rencontre.

Voir son patron pour la première fois à l'extérieur de ses affaires et de son pays, n'est pas banal.

Mais je suis assez contente de ce contexte particulier. En effet, étant tous différents quand nous « jouons à l'extérieur ou à domicile », ce cadre original me semble être une excellente occasion de découvrir mon Président sous d'autres facettes.

Le tout premier échange que nous aurons me permettra de découvrir que je suis face à un vrai entrepreneur.

Nous le savons depuis les travaux de Schumpeter, l'entrepreneur n'est pas qu'un simple créateur ou repreneur d'entreprise, mais il est celui qui bouleverse un marché en lui apportant de l'innovation.

Or il est impossible d'innover si l'on n'est pas curieux.

Notre premier dialogue, va donc à la fois me surprendre et me ravir.

« Bonjour Madame REA. Vous avez fait bon voyage ?

- Très bon Président ? Et vous ?
- Oui je suis venu en train. Vous aussi ?
- Non Président, en Blablacar. De Lyon, c'est plus pratique.
- C'est quoi Blablacar ?
- C'est une plateforme qui permet du covoiturage, Président. Les gens qui souhaitent voyager recherchent sur le site de Blablacar un conducteur qui propose le même trajet. Si les horaires et le prix leur conviennent, ils s'inscrivent, le conducteur les récupère et les amène.
- Ah bon, hein. Il y a quelqu'un ici qui a créé çà. Et ça marche ?

- Oui Président. Les gens aiment bien, car c'est soit plus pratique, soit moins cher.
- Ah comme nous avons déjà quelque chose de semblable en Côte d'Ivoire, je dois voir ça en France. »

Effectivement, en Côte d'Ivoire, les gens procèdent de même. Toute personne qui souhaite se déplacer, se poste le long de la route. Si les conducteurs sont intéressés, ils s'arrêtent sur le bas-côté, et si le prix proposé leur convient, ils embarquent les passagers. Cela est fait de manière informelle et à ma connaissance, il n'y a pas d'entreprises équivalente à Blablacar en Côte d'Ivoire.

Mais pour le Président, vu que le principe est le même, la Côte d'Ivoire pourrait peut-être améliorer le système et créer la même chose qu'en France.

Aussi, à la fin de notre séjour, il tiendra à m'accompagner jusqu'à mon Blablacar qui est une dame. Il la salue, regarde bien la voiture...

- Un jour il y aura des entreprises comme ça en Côte d'Ivoire, mais pour le moment on n'est pas prêt. Bon voyage Madame REA.

- Merci Président »

Je rentre dans la voiture et ce qui me frappe dans cette première rencontre, outre ce que j'avais déjà lu et observé, ce sont trois choses : La première est sa curiosité insatiable.

L'école de Savignac a vraiment bien fait les choses. Le Président et moi-même avons été reçus comme des rois.

Durant 3 jours, le Directeur, qui n'a pas son pareil pour mettre en avant son territoire, nous a montré non seulement la gastronomie, les sites touristiques mais également les artisans locaux.

Très attentif à tout ce qui lui était proposé, je sentais que le Président ne se contentait pas de survoler les activités, et de faire des commentaires agréables. Aux questions qu'il posait, je me rendais compte qu'il observait tout attentivement.

Une fois rentrés à l'hôtel,

- Vous savez vraiment mettre en valeur les choses ici.

- On essaye Président. Nous sommes connus mondialement pour la cuisine et l'artisanat. De plus, la France est le pays le plus visité au monde. Donc effectivement on fait attention, car le tourisme rapporte énormément d'argent.

- Oui j'ai vu que c'est bien fait. J'aime les artistes et les artisans. En Côte d'Ivoire, j'encourage les gens à aller sur les marchés et à acheter des œuvres d'artistes locaux.
- Par rapport à l'artisanat, malheureusement, certains métiers ont disparu avec la modernité. J'ai vraiment été contente quand j'ai découvert qu'en Côte d'Ivoire on trouve encore beaucoup d'artisanat d'art, ainsi que des tapissiers, des brodeuses, des ébénistes, des tisserands....
- Si si. En Côte d'Ivoire on a encore tout ça. C'est pour cela qu'il faudrait le mettre plus en valeur ».

Le deuxième élément qui m'a interpelée, c'est que tout ce qu'il observe est pensé, analysé par rapport à la Côte d'Ivoire.

Lors de notre séjour, nos hôtes ont posé au Président des questions sur son parcours, la tendance au niveau des affaires…..Bref, les questions classiques que l'on pose dans ce genre d'occasions.

Sa première réponse fut pour évoquer avec fierté ses sept enfants, ses petits-enfants et le soutien précieux et constant de son épouse depuis 45 ans.

Ensuite, il a expliqué son parcours d'ingénieur, la création de son bureau d'études et pourquoi il s'était diversifié dans le domaine de la formation.

« Le monde entier vient en Côte d'Ivoire. Les grands groupes internationaux comme Accor, Radisson, Mangalis ainsi que quelques groupes panafricains tels que Azalaï, investissent beaucoup notamment à Abidjan. L'EHB forme des cuisiniers, des chefs de rang, des réceptionnistes, mais il nous manque des cadres très bien formés pour assurer la direction de tous ces hôtels.

EHB est la seule école hôtelière de la sous-région à former jusqu'au Bachelor. Avec Savignac, nous offrirons une formation encore plus qualitative aux jeunes ivoiriens et dans quelque temps, nous irons encore plus loin avec le MBA. C'est très important le niveau de la formation. Sans ça, notre jeunesse est condamnée à rester dans des emplois d'employés, dirigés par des expatriés. Nous voulons leur offrir la possibilité de manager, et pourquoi pas, ensuite, de devenir des entrepreneurs. Nous n'avons rien contre les cadres venus de l'étranger, mais nous souhaitons que la Côte d'Ivoire puisse avoir des cadres dans tous les secteurs d'activités. Il faut d'abord œuvrer pour notre pays avant de penser à notre intérêt.

Moi, quand j'ai créé mes hôtels à Grand Bassam, alors qu'il n'y avait pas beaucoup de touristes à cette époque dans la ville, je l'ai fait en priorité pour le public ivoirien et pour fournir de l'emploi aux habitants de Grand-Bassam.

Maintenant, j'ai construit l'école hôtelière pour pouvoir former davantage de jeunes au vu des besoins du Pays. Quand nous étions jeunes Houphouët Boigny nous a permis de très bien nous former. C'est pour cela que nous nous en sommes sortis. À notre tour maintenant, de former la jeunesse avec de nouveaux diplômes ».

Franchement, je suis impressionnée par ce discours. En effet, en France, tous les secteurs d'activité sont déjà structurés au niveau de la formation. Les diplômes, les RNCP, existent dans tous les métiers. Tous les postes de manager peuvent donc être occupés par des Français jeunes diplômés.

Concernant l'EHB, je savais que c'était la seule école qui formait à post bac, mais, au vu des explications du Président, un doute me vient. Aussi, quand nous rentrons à l'hôtel :

- Président, s'il vous plaît, j'ai une question.
- Oui, allez-y.
- Quand vous avez dit tout à l'heure que c'était notre tour de former des jeunes avec des nouveaux diplômes, que vouliez-vous dire, Président ?
- Que les diplômes après le Bac en hôtellerie restauration en Côte d'Ivoire, n'existent pas. Vous ne le saviez pas ?
- Non Président. Quand j'enseignais à l'Université de Bouaké, nous étions dans le cadre du système LMD qui est le même qu'en France. Du coup, je pensais que c'était la même chose dans tous les secteurs de la formation.

- Non, pas encore. C'est pour cela que notre tâche à l'EHB est essentielle. Quand nous aurons 3 ans d'activité, si nous avons bien fait les choses, nous pourrons présenter au gouvernement de Côte d'Ivoire une demande de création de diplôme. Après, il pourra être utilisé par toutes les écoles du pays.
- Waouw Président. C'est génial.
- Tu vois comment tu vas devoir faire du très bon travail.
- Oui Président. Mais Président, vous savez que si vous créez un diplôme et non pas un titre RNCP, vous ne pourrez pas l'exporter comme le fait Savignac avec son Bachelor. Mon devoir est de vous dire, Président, que c'est une source d'argent que vous perdrez en choisissant ce système.
- Je sais, je sais. Mais, comme je l'ai dit, on le fait pour le pays, pas pour nous. Tu comprends, non ?
- Je comprends Président et je trouve ça magnifique. Président, vous pensez que si je fais vraiment du très bon travail, le Président Ouattara me donnera la nationalité ivoirienne ? Il a dit dans un discours à la TV que la nationalité pouvait être envisagée pour les étrangers qui œuvrent pour le Pays. Je crois que là, grâce à vous, j'œuvrerai vraiment pour la Côte d'Ivoire. Ou bien Président ?
- C'est ça que tu veux comme récompense ? La nationalité ivoirienne ?
- J'aimerais bien Président.

Il sourit et dit « Alors c'est sûr que tu feras du bon travail ».

Le troisième élément qui me marque enfin est sa jeunesse.

Au vu des photos que j'avais vu et de nos premiers jours à Savignac, je pensais que le Président avait entre 50 et 55 ans.

J'avoue que dans mes recherches, j'avais surtout regardé le parcours, les entreprises et que je ne m'étais pas attardée sur sa biographie personnelle.

Aussi, lorsque la veille de notre départ, nous nous retrouvons à l'hôtel, je suis surprise de l'entendre me dire qu'il est un peu fatigué.

- Président, est-ce que vous êtes content d'avoir découvert cette région ? C'est magnifique non ?
- Oui c'est très beau. Mais on a beaucoup marché. Je n'ai pas l'habitude et je suis un peu fatigué.
- C'est vrai Président que l'on a beaucoup visité. Ils nous ont vraiment très très bien reçus.
- Oui c'était très intéressant. Mais vous vous êtes plus jeune, moi j'ai 67 ans, alors je suis un peu fatigué.
- Vous dites quoi Président ?
- J'ai 67 ans.

Et vu ma tête, il sourit et demande :

- Vous croyez que j'avais quel âge ?
- Ben Président, je crois que toute l'équipe de Savignac et moi on ne vous en donnez pas plus de 55.

Et là franchement, il rit de bon cœur.

Moi, çà me laisse perplexe. J'ai beau savoir que les Africains font généralement moins vieux que les occidentaux au même âge, jamais je n'aurais cru que cet homme approchait des 70 ans.

Donc lors du trajet de retour, je me dis, qu'avec une énergie pareille, une telle curiosité, un attachement au pays si profond et un esprit entrepreneurial aussi développé, çà va être quelque chose de très spécial de travailler pour Germain Anouman OLLO.

Et effectivement, j'ai ressenti ma collaboration avec lui comme une aventure professionnelle sans commune mesure avec tout ce que j'avais déjà vécu, alors que je travaille en PME depuis plus de 25 ans.

En termes d'amplitude, avec une personnalité pareille, rien ne pouvait manquer.

Mais ce que j'ai retenu avant tout, c'est le profond sentiment d'avoir approché un homme à part, doté d'une capacité de travail hors normes, capable d'entraîner tout et tous sur son passage, grâce à son audace, son charisme et sa force de persuasion.

Un être exceptionnel, pour qui la vie ne valait la peine d'être vécue qu'avec fougue et intensité, et pour qui le mot PASSION était le carburant de l'accomplissement et de la réussite.

PREMIERE PARTIE

LE PARCOURS

LES FONDATIONS D'UN PARCOURS REMARQUABLE

Germain OLLO et l'âge d'Or de la Côte d'Ivoire

Germain Anouman OLLO, est né le 10 Mai 1951 à Grand Bassam en Côte d'Ivoire dans un milieu populaire.

Né avant l'indépendance de la Côte d'Ivoire qui a eu lieu le 07 Août 1960, il est donc né Français.

Il aurait pu le rester s'il en avait fait la demande.

- Président, vous auriez pu demander la nationalité Française.
- Oui Sophie, j'aurais pu et j'aime bien la France.
  Mais je ne l'ai pas fait parce que je me sens Ivoirien avant tout. C'est mon pays. Celui que je connais et dans lequel je peux être utile. Je dois tout à la Côte d'Ivoire.
  Quand nous étions jeunes, le Pays nous a choyé. Houphouët croyait en nous. On avait les meilleures formations, les bourses. Tout le monde regardait la Côte d'Ivoire et les ivoiriens. On avait l'espoir, le travail. Après c'est sûr, il y a eu des périodes très difficiles, mais franchement, je n'ai jamais pensé à partir ou à devenir français. »

Effectivement, selon mes recherches et les récits des personnes à qui j'ai posé la question, la « Génération 50 » comme elle est appelée en Côte d'Ivoire, est consciente qu'elle a connu l'âge d'or.

Ce temps d'abondance commence dès le début de l'indépendance lorsque le Président Houphouët Boigny met en place le programme « Scolarisation 100% ».

Quand on sait qu'en Côte d'Ivoire les enfants représentent environ un tiers de la population, on comprend aisément l'immensité de la tâche et l'ambition de l'objectif.

Au fil des années, le but premier ayant été atteint dans sa grande majorité, le programme est étendu pour prendre en charge la formation des élèves après le bac.

Pour ce faire, une part importante du budget national est consacrée non seulement aux études générales, mais également aux diplômes techniques et professionnels.

En parallèle, la Côte d'Ivoire se développe à l'image de son drapeau : par la terre et par la paix.

La stabilité politique, rare dans la sous-région à cette époque, permet de développer une agriculture destinée à l'exportation avec le café et le cacao.

Résultat, « le miracle ivoirien » débute dans les années 70, avec des taux de croissance entre 5 et 7%.

C'est à cette époque de bouillonnement intellectuel et de réussite économique que Germain Anouman OLLO obtient brillamment son diplôme d'Ingénieur en Génie Civil en 1975.

Dans ce contexte favorable pour les jeunes diplômés, il est immédiatement embauché à la SOPIM (Société de Promotion Immobilière de Côte d'Ivoire) en tant que cadre.

La SOPIM, créée en 1973, construit environ 150 logements par an à Abidjan, et dans certaines villes de l'intérieur du Pays.

C'est l'une des deux sociétés privées qui fait face aux deux géants publics, dans le secteur de la promotion immobilière.

Germain OLLO gravit rapidement les échelons de l'entreprise en devenant d'abord directeur technique puis directeur général.

Ayant occupé tous les postes à responsabilités que peut occuper un employé dans une entreprise, il estime qu'il est temps pour lui de créer sa propre structure et de se rendre utile à son pays.

Il quitte SOPIM en 1981, pour fonder le premier bureau d'Etudes privé ivoirien ICI (Ingénieurs Conseils en Infrastructures).

CONSEIL N° 1 : TIRER LA FORCE DE SES RACINES

Cette section illustre l'importance de rester fidèle à ses valeurs et à ses racines.

Malgré l'opportunité qui lui était offerte, Germain OLLO a choisi de ne pas demander la nationalité française et de demeurer profondément attaché à son pays d'origine.

En tant qu'entrepreneur, ne sous-estimez pas le pouvoir de vos racines. Votre identité culturelle, vos valeurs et votre héritage peuvent être des atouts précieux dans votre démarrage entrepreneurial. Ils peuvent vous inspirer, vous motiver et vous aider à établir des liens particuliers avec votre marché cible et à renforcer votre crédibilité auprès de vos clients.

En restant fidèle à vos racines, vous créez une entreprise qui reflète parfaitement qui vous êtes et ce en quoi vous croyez. Cette authenticité peut se révéler un moteur puissant de réussite et de motivation.

LA NAISSANCE D'ICI

Un pari audacieux dans un contexte économique difficile

En 1980, le contexte économique n'est plus celui des années 70. Comme le titre le journal le monde, le 24 Mars 1981, « La Côte d'Ivoire est au creux de la vague » et doit négocier son premier programme d'ajustement structurel avec le FMI.

L'État, au vu de la conjoncture, doit drastiquement réduire ses dépenses.

Or pour obtenir des marchés d'infrastructures pour le cabinet ICI que vient de créer Germain OLLO, il faut impérativement de la commande publique.

Créer un bureau d'études à cette époque, est donc un pari plus que risqué.

Sur les chemins sans risques, on n'envoie que les faibles (*Hermann Hesse, Le jeu des perles de verre*). Germain OLLO ne faisant pas partie de cette catégorie, il se lance.

- Président, pourquoi avoir fondé ICI ? Vous aviez un très bon poste à la SOPIM, et l'on m'a rapporté que vous auriez pu faire également une très belle carrière dans les sociétés de promotion immobilières publiques.

- Oui bien sûr. Mais tu vois, à l'époque, les bureaux d'études privés n'étaient pas dirigés par des ivoiriens, c'étaient surtout des expatriés. J'ai voulu changer ça.
Houphouët au début, a attiré les étrangers car nous n'étions pas encore aguerris. Mais tous les efforts qu'il avait fait pour notre instruction et notre formation étaient destinés, petit à petit, à ce que nous dirigions dans tous les secteurs. « Le vieux » nous avait aussi assigné comme tâche le développement de notre pays. Comme j'avais atteint le plus haut niveau dans la direction d'entreprise, l'étape suivante c'était de contribuer au progrès de la Côte d'Ivoire.

En quittant la SOPIM, Germain OLLO aurait pu faire fortune en construisant des logements pour les particuliers. Mais comme il l'a expliqué dans Matin Bonheur (« *Matin Bonheur, Septembre, 2020* »), cela ne l'intéressait pas.

Pour lui, « quand Dieu vous a donné l'opportunité de réussir, ce n'est pas pour vous-même » *(Germain OLLO)*.

Aussi, construire des appartements et des villas et les mettre en location n'est pas envisageable, car le profit ne « retomberait » que sur lui et qu'il n'y « aurait pas de bonheur à partager ».

Il décide donc de se lancer dans le secteur de l'immobilier professionnel qui consiste entre autres à construire des bâtiments publics comme des hôpitaux, des écoles, ou à faire des études techniques pour les infrastructures.

Petit à petit, ICI, dont la mission est « de répondre aux défis du développement, et particulièrement de construction de "l'éléphant d'Afrique", va avoir quelques marchés qui vont contribuer à faire connaître le Bureau d'Études.

Ces débuts prometteurs encouragent Germain OLLO à poursuivre sa mission et à ne pas céder à la facilité en construisant des logements privés.

En 1989, soit huit ans après la création du bureau d'études, ICI a entre autres comme clients, la CNPS (Caisse Nationale de Prévoyance Sociale) et le Port Autonome d'Abidjan.

Au fil des années, ICI verra son portefeuille s'étoffer avec des organismes comme la BAD ou l'Union Africaine.

Puis ce sera l'international avec des interventions (via les consultants d'ICI) en GUINEE, au MALI, au BURKINA FASO, au BENIN, au TOGO, au GABON, et à SAO TOME.

La tâche implicite demandée par le Président Houphouët Boigny, « contribuer au développement du Pays et le faire rayonner » est accomplie.

Le but de Germain OLLO, ne pas réussir que pour soi-même est atteint. En effet, ICI a été l'un des premiers bureaux d'études à donner leurs chances aux jeunes diplômés ivoiriens. Depuis, beaucoup d'autres ont suivi.

Il aurait donc pu s'arrêter là.

CONSEIL N°2 : OSEZ DANS L'ADVERSITÉ

Germain OLLO a fondé son bureau d'études, ICI, dans un contexte économique très difficile, où la réduction des dépenses publiques rendait difficile l'obtention de marchés.

Malgré ces défis, il a osé se lancer. Sa décision courageuse lui a permis de bâtir une entreprise prospère.

Ainsi, le conseil à tirer de cette étape est clair : osez agir, même quand les circonstances sont défavorables.

Même si dans les contextes difficiles, les opportunités semblent rares et les risques élevés, c'est dans l'adversité que se construisent les plus grandes réussites et que les entrepreneurs audacieux se distinguent.

IRMA

Une révolution éducative enracinée

Germain OLLO aurait pu se contenter d'ICI, si la Côte d'Ivoire et sa communauté n'avaient plus besoin de rien.

Comme ce n'était pas le cas, en 1983, alors qu'ICI démarre à peine, Germain OLLO créé à Grand Bassam une des premières écoles laïques privées du Sud Comoé.

Le nom n'est pas pris au hasard. L'école s'appellera IRMA, ce qui veut dire Institution Raggi Anne-Marie.

Madame RAGGI, née en 1918 à Lauzoua et décédée en 2004 à Abidjan, était une femme politique ivoirienne.

Devenue un des symboles ivoiriens de la lutte anticoloniale, elle fut le leader de la marche des femmes à Grand-Bassam.

Cette marche contestataire, qui s'est déroulée d'Abidjan jusqu'à Grand Bassam du 22 au 24 Décembre 1949, avait pour objectif de libérer des opposants politiques emprisonnés par les autorités coloniales françaises à Grand Bassam.

Donner le nom d'une telle personnalité à une école en 1983, alors que la Côte d'Ivoire est en pleine crise économique et que son principal bailleur de fonds, y compris pour la garantie de paiement de la dette, est la France, est audacieux ! Ce nom était-il une provocation ?

Je décidais de poser la question car je savais, bien qu'étant Française, que le Président me répondrait sincèrement.

- Président, je voulais vous demander s'il vous plaît. J'ai regardé qui était Mme RAGGI sur internet. Est-ce que vous avez choisi le nom d'IRMA en opposition à l'action de la France ?
- Non Sophie. Faire les choses contre quelqu'un ou quelque chose n'est pas bon. Il faut faire pour quelque chose ou en faveur de quelqu'un tu vois. Avec ce nom, je voulais honorer une héroïne de la ville et affirmer clairement les racines locales de l'école. En France, vous appelez aussi vos écoles par le nom de vos héros et ce n'est pas pour critiquer tel ou tel.
- C'est vrai Président.

Si aujourd'hui Grand Bassam est reconnue Patrimoine Mondial de l'Unesco, attire de nombreux visiteurs et artistes, possède un hub technologique avec le VITIB, ce n'était pas du tout le cas en 1983.

À cette époque, la ville est certes connue dans tout le pays comme étant la première commune et la première capitale de la Côte d'Ivoire, mais c'est plutôt Assinie et San Pedro qui sont plébiscités par les touristes et la bourgeoisie ivoirienne.

Sa population, alors estimée à environ 40 000 habitants, est majoritairement composée de pêcheurs et de commerçants à revenus modestes.

Germain OLLO, dont c'est la ville natale, réside à Grand Bassam. Il sait donc pertinemment que, même si les enfants sont nombreux sur le territoire, la plupart des familles ne pourra pas s'offrir une école privée payante.

Investir dans une école à Bassam plutôt qu'à Abidjan, représente donc, encore une fois, un risque maximal !

Alors pourquoi ce choix ? Parce que le terrain était moins cher qu'à Abidjan ? C'est probablement le cas. Mais une différence de prix dans un terrain ne pouvait compenser le risque d'échec par manque de clientèle. Sinon tout le monde investirait dans le désert.

Alors pourquoi ? Tout simplement parce qu'après la Côte d'Ivoire », venait dans le cœur de Germain OLLO sa communauté de Grand Bassam.

Le but premier d'IRMA n'est donc pas d'exploiter un marché certes quasi vierge, mais non solvable dans sa grande majorité.

L'objectif principal de cet investissement, à travers la construction du bâtiment et de l'aménagement de celui-ci, est de fournir du travail à un maximum de Bassamois.

« Lorsque nous avons commencé à investir, nous étions conscients qu'il nous était impossible d'embaucher tout le monde, mais nous avions l'assurance que beaucoup profiteraient du développement de la ville de Grand-Bassam, et par extension de la Côte d'Ivoire, en adaptant leurs compétences aux besoins des populations et des différents opérateurs économiques » (*G. OLLO, 2020*).

Et en effet, l'arrivée d'IRMA fait l'effet d'une bombe en termes d'augmentation des emplois.

Chaque fois que cela est possible, au vu de leurs compétences et de leur formation, ce sont les Bassamois qui sont privilégiés que ce soit pour la construction, l'aménagement ou le fonctionnement de l'école.

Les commerçants et artisans voient également leur chiffre d'affaires augmenter, grâce à l'achat de matériaux, d'ameublement et de nourriture pour la cantine.

Bénéfice supplémentaire pour la ville : l'arrivée d'instituteurs et plus tard de professeurs venus des quatre coins de la Côte d'Ivoire, amène une classe moyenne qui dispose d'un pouvoir d'achat légèrement supérieur à la majorité de la population.

Au début de cette aventure sociale un problème demeure : comment amener des parents vivants à Abidjan, à inscrire leurs enfants dans une école inconnue, située dans une petite ville qui n'a d'autre renommée que son passé historique ?

Pour y arriver, une seule et unique option : proposer aux familles une offre de service unique et irrésistible.

Germain OLLO en trouve une assez révolutionnaire pour l'époque en Côte d'Ivoire : l'individualisation de la pédagogie.

En 1983, selon les chiffres de Perspective Monde, la part des 0-14 ans en Côte d'Ivoire est de 46.71%. Elle atteindra le pic le plus élevé de l'histoire du pays en 1987 avec 48.70%.

Concrètement, cela veut dire que pratiquement la moitié du pays est en âge de fréquenter l'école.

Pour faire face à cet afflux, le gouvernement ivoirien délègue une partie de l'instruction à des établissements privés en y affectant les enfants.

Pour autant, le nombre d'écoliers est si nombreux qu'aussi bien dans le public que dans le privé, les classes sont surchargées.

Dans ce contexte, il n'y a pas d'autres alternatives que d'employer des méthodes dites passives, dans lesquelles l'enseignant énonce et les enfants répètent.

En 1983, Germain OLLO prend le contrepied de cette pédagogie en donnant comme mission à IRMA « d'accompagner l'enfant dans sa singularité et son développement personnel ».

Pour appuyer cette action, il introduit à IRMA la pédagogie Montessori, qui encourage l'autonomie et l'expérimentation dans les apprentissages.

Toujours dans l'idée, très chère à Germain OLLO, de former des ivoiriens plus talentueux et ouverts sur le monde, IRMA propose un cursus bilingue français -anglais.

Par contre, contrairement à bon nombre d'écoles privées qui enseignent le Bac Français pour se démarquer, Germain OLLO reste fidèle au Bac Ivoirien.

Et çà marche ! Alors qu'au début, le peu d'élèves vient des quelques familles aisées de Grand Bassam et des environs, petit à petit commencent à affluer les enfants d'Abidjan, ivoiriens ou fils d'expatriés ou de diplomates.

Les succès entraînant les succès, IRMA voit arriver des élèves de la sous-région.

Afin de les accueillir dans les meilleures conditions, l'école se dote d'un internat et d'un complexe sportif.

Devenue un véritable « petit campus », IRMA compte aujourd'hui plus de mille élèves et une association de plus de 4000 alumni disséminés à travers le monde.

Comme quoi, comme le dit l'adage : la réussite sourit toujours aux audacieux.

CONSEIL N° 3 : INNOVEZ ET ANCREZ

Germain OLLO a créé IRMA à Grand Bassam en introduisant des innovations pédagogiques alors qu'il n'y avait pas de marché existant dans la ville et ses environs.

Parallèlement, il s'est engagé à ancrer la création de son entreprise dans un territoire, ce qui a favorisé le développement local.

Cette étape nous enseigne deux leçons.

La première est qu'il est pratiquement plus important de connaître le secteur dans lequel on se lance que de faire une étude de marché. L'étude approfondie de ce que fait la concurrence dans le secteur visé, permet d'innover en changeant la chaîne de valeur ou en amenant des avantages compétitifs.

La deuxième est de ne pas minimiser l'impact social de l'entrepreneuriat. En contribuant au développement de son territoire et à l'amélioration du niveau de vie de sa communauté, l'entrepreneur améliore non seulement l'impact qu'il a sur son environnement, mais créé également des futurs clients pour son entreprise.

Par exemple, dans le cas d'IRMA, en permettant aux collaborateurs d'inscrire leurs enfants à l'école avec des tarifs préférentiels, il a ainsi gagné de nombreux élèves.

NSA HÔTEL :

Un défi aux géants

Quatre ans après la création d'IRMA, en 1987, Germain OLLO mise à nouveau sur Grand Bassam pour investir.

Mais comme « recommencer, ce n'est pas refaire » *(César)*, cette fois-ci ce ne sera pas dans la formation mais dans l'hôtellerie.

En 1987, la situation économique de la Côte d'Ivoire n'est toujours pas bonne. Malgré un troisième programme d'ajustement structurel (1986-88), le Président Houphouët doit déclarer en Mai 1987, l'impossibilité qu'a le pays de rembourser les intérêts des emprunts étrangers.

Pourtant, comme c'est toujours le cas en cas de crise même majeure, certains secteurs fonctionnent. C'est notamment le cas de l'hôtellerie.

Dans ce secteur, le Président Houphouët Boigny veut du spectaculaire.

Aussi, dès 1961, l'État ivoirien créé en partenariat avec le groupe MAFIT TRUST CORPORATION, la SPDC (Société des Palaces de Cocody).

Son patrimoine à cette époque est exclusivement constitué par le fameux hôtel Ivoire.

Ce complexe de luxe installé à Abidjan, aura sa forme définitive durant le miracle ivoirien.

L'Ivoire, comme le surnomme les ivoiriens, offre à sa clientèle extasiée plus de 500 chambres, un lac artificiel, un casino, un bowling, un cinéma, des courts de tennis, une galerie marchande, quatre restaurants, un palais des congrès et la seule patinoire de toute l'Afrique de l'Ouest.

La SPDC, dont l'État est le seul actionnaire depuis 1979, enrichit son capital en 1984, avec le Golf Hôtel et l'Ivoire Golf Club tous deux également situés à Abidjan.

On l'aura compris, outre la présence du groupe français Accor, l'offre hôtelière à Abidjan est majoritairement détenue par l'État ivoirien.

L'autre emplacement dans lequel le Président Houphouët Boigny construit un hôtel de prestige est sa ville natale, Yamoussoukro.

En 1973, commence la construction d'un bâtiment classique érigé sur 25 hectares. Finalisé en 1980 par l'ajout d'une tour comportant un restaurant panoramique à son sommet, l'hôtel Président de Yamoussoukro comporte 285 chambres et peut accueillir 800 personnes. À l'image de l'hôtel Ivoire, il propose à la clientèle une galerie marchande, un cinéma, une discothèque, deux courts de tennis et un golf international de 18 trous.

Propriété de l'État, l'hôtel Président est tenu d'ouvrir ses portes pour accueillir les nombreux séminaires organisés par l'administration ivoirienne.

C'est dans ce créneau des séminaires, que Germain OLLO va spécialiser l'hôtel qu'il construit à Grand Bassam.

Son bureau d'études, ICI, travaillant avec les grandes entreprises publiques et les ministères, Germain OLLO participe à de nombreux colloques.

Son sens aigu de l'observation, lui permet de noter deux choses :

- Les salles de séminaires à Abidjan sont insuffisantes
- La majorité des hôtels ne proposent pas de parkings intérieurs. Les clients sont donc obligés de garer leurs véhicules à l'extérieur des établissements, ce qui, dans leur grande majorité leur déplaît.

Ces deux lacunes au sein de l'offre présente à Abidjan, vont devenir les deux avantages concurrentiels de son hôtel.

Pour le nom, même recette que pour IRMA, un nom africain.

Ce sera NSA Hôtel. En langue Ehotilé, NSA veut dire « Homme ». Non pas au sens misogyne du mot qui exclue les femmes, mais Homme avec un grand H, rappelant le fait que NSA a pour ambition de devenir la nouvelle référence en matière de congrès.

Le slogan coule de source : NSA, « la cité des rencontres ».

Comme d'habitude avec Germain OLLO, on commence modeste, mais confiant dans l'avenir, on achète un grand terrain.

Dans le cas d'NSA, ce sera 2 hectares, sur lesquels sont bâtis la salle de séminaire et 20 chambres.

Ce nombre de chambres peu paraître petit pour quelqu'un qui a comme objectif d'attirer des évènements importants. Pourtant, c'est très bien calculé !

En effet, à cette époque, les hôtels présents à Grand Bassam sont loin d'afficher complet en semaine.

Il s'avèrera donc très facile de faire des partenariats avec ceux qui ont les meilleures prestations le moment venu.

Et c'est ce qui va se passer. Encore une fois Germain OLLO a vu juste. Les séminaires à NSA commençant à se développer, les confrères hôteliers sont ravis de profiter de cet afflux de clientèle « partagée ».

Ils savent que cela ne durera pas, car au fur et à mesure ils sont conscients que Germain OLLO agrandira son propre hôtel. Mais à moyen terme, cela leur offre deux avantages :

- Faire découvrir leurs établissements à une clientèle à laquelle ils n'auraient pas eu accès
- Améliorer leurs établissements grâce à l'augmentation de leur chiffre d'affaires

Comme on dirait aujourd'hui c'est du gagnant-gagnant.

Ce qui m'a frappé la première fois que j'ai vu NSA, c'est le fait qu'il soit situé en plein centre-ville. Après quelques recherches, il m'a pourtant été confirmé que des terrains en bord d'océan et de lagunes étaient disponible au moment de sa construction.

- Président, pourquoi ne pas avoir construit NSA hôtel en bord de plage, vous n'avez pas pu avoir de terrain ?
- Non, ce n'est pas çà. A l'époque, tu vois, les ivoiriens n'aimaient pas trop aller à la mer. Et puis, nous on recevait des gens qui étaient en séance de travail durant les séminaires. Donc ils auraient profité de la mer le soir. Et le soir, il y avait beaucoup de moustiques. Donc on a préféré le centre-ville. Dès qu'on a pu, on a rajouté les piscines et les animations. Maintenant, cela a changé. C'est pour cela que l'on va développer la plage de NSA.
- Ah oui ? NSA a une plage ?
- Mais oui Sophie, on te la montrera.

Bien sûr NSA a une plage. Comment pouvais-je penser que Germain OLLO n'avait pas anticipé les changements de comportements chez ses compatriotes, alors que l'observation des évolutions de son pays est une de ses plus grandes forces.

Au fur et à mesure, les séminaristes apprécient de plus en plus NSA Hôtel. L'établissement s'étant amélioré, ils bénéficient d'infrastructures identiques à celles de la capitale. En outre, bien que Grand Bassam soit près d'Abidjan, la ville, avec son quartier France et son village artisanal notamment, offre un parfait dépaysement.

Pour les commerces, NSA est une bénédiction car il devient, de loin, leur plus gros client. Toute la nourriture servie durant les séminaires, provient des producteurs locaux.

Proposer de la nourriture locale durant les évènements de NSA, peut être vu comme banal et sans originalité quand on sait que Germain OLLO passe son temps à innover.

Or au contraire, ce choix procure de nombreux avantages, tant pour les clients que pour l'hôtel.

Tout d'abord pour les séminaristes, car c'est la nourriture qu'ils apprécient le plus.

À partir de 1980, la ville s'est beaucoup étendue. La faiblesse des transports en commun, fait qu'une grande partie de la population ne peut pas rentrer chez elle pour manger, notamment le midi.

Suite à la crise économique apparue dans cette même période, des hommes et femmes licenciés, obligés d'apporter un revenu supplémentaire dans leurs foyers, voit dans ce phénomène une opportunité. Ils s'engouffrent dans la restauration populaire informelle.

Selon une étude *(« Restauration populaire et sécurité alimentaire à Abidjan », Francis AKINDES)*, en Janvier 19887, Abidjan comptait au moins :

- 1268 restaurants « fixes » dont 907 maquis, 151 restaurants-bar et 210 kiosques
- 12186 restaurants sur « table mobile » installés le long des axes de circulation
- 207 cantines improvisées autour des écoles

Alors que les restaurants classiques ne proposent que de la cuisine européenne ou libanaise, c'est dans ce type d'établissements, qui proposent tous de la cuisine ivoirienne ou à la rigueur sénégalaise, que mangent quotidiennement les clients de NSA Hôtel quand ils sont au bureau.

Leur proposer ce même style de nourriture dans un lieu bien plus confortable, avec des règles d'hygiène beaucoup plus strictes, c'est donc leur offrir leurs plats préférés dans un endroit « chic », où ils ont l'impression d'être des VIP.

Le choix d'une cuisine locale est également un avantage pour l'hôtel, dans le sens où tous les produits peuvent être achetés à Grand Bassam.

Cela évite de perdre une demie journée pour aller faire les courses à Abidjan et permet une véritable souplesse quant aux achats.

Le fournisseur étant juste à côté, il est possible de commander, selon le nombre de séminaires et de participants, les produits nécessaires. Cette proximité diminue non seulement la quantité des stocks obligatoires, mais également les frais d'électricité en évitant de congeler.

Si on rajoute en plus, le fait que Germain OLLO a pour objectif l'enrichissement des commerçants de Grand Bassam à travers le développement de ses entreprises, c'est encore une fois du gagnant-gagnant Client/ Entrepreneur / Fournisseur.

Pour en revenir à NSA, aujourd'hui l'hôtel possède 8 salles de conférences, dont 1 amphithéâtre de 400 places, 5 restaurants, 2 piscines, une boutique de souvenirs et bien sûr un parking intérieur, qui avec le parking extérieur peut garer 200 voitures.

À ma connaissance, même si l'offre hôtelière s'est beaucoup développée à l'heure actuelle à Grand Bassam, à la suite de l'augmentation du tourisme d'affaires et de l'engouement des Abidjanais pour la station, NSA reste le premier en termes de chiffre d'affaire grâce à la capacité inégalée de ses salles de séminaires.

CONSEIL N° 4 : OSER S'ATTAQUER AUX GÉANTS

L'histoire de N'SA Hôtel nous enseigne qu'en tant qu'entrepreneur, il ne faut pas craindre de s'attaquer à des secteurs dominés par de grands acteurs qu'ils soient privés ou publics.

Malgré la présence de géants dans l'industrie hôtelière, Germain OLLO a eu le courage de créer un établissement en se basant aussi bien sur les lacunes des offres présentes, que sur les segments de clientèle peu exploités.

Ce faisant, il a trouvé sa place sur un marché de niche déjà exploité en proposant une offre mieux adaptée et moins chère.

C'est exactement le même principe qu'a appliqué Ryan Air quand ils se sont attaqués aux compagnies d'aviation régulières qui pensait avoir verrouillé le marché. Ils ont supprimé tous les services incluent par les sociétés comme Air France, ce qui leur a permis de vendre des billets à des prix nettement inférieurs. Ainsi, ils ont satisfait tous les jeunes qui n'avaient pas les moyens de prendre l'avion et les clients qui voulaient des séjours de deux à trois jours.

L'EHB :

Une alliance internationale

Au fil des années, ICI, IRMA et N'SA Hôtel se développent, ce qui permet à Germain OLLO de développer son patrimoine. Il construit ainsi deux petits hôtels à Grand Bassam, qui permettent d'accroître le nombre de chambres que peut proposer N'AS hôtel.

Fin 2014, alors qu'il est en déplacement à l'étranger, Germain OLLO rencontre une personnalité publique ivoirienne, qui lui explique à quel point le tourisme d'affaires se développe en Côte d'Ivoire.

En conséquence, tous les grands groupes internationaux comme ACCOR, Radisson, MANGALIS et AZALAÎ, investissent principalement à Abidjan pour combler le déficit en chambres d'hôtels qui devient très important.

Le problème majeur, indique son interlocuteur, est que les écoles hôtelières de la Côte d'Ivoire, ne forment que jusqu'au BTS. Or ces géants de l'hôtellerie recrutent majoritairement leurs cadres à Bac+3.

Les diplômés ivoiriens risquent donc d'être privés des postes de direction.

- Je vois. Je vais en construire une, répond Mr OLLO

- Ce serait formidable d'avoir une école hôtelière supplémentaire qui forme à ce niveau. Mais même si l'école est construite, nous n'avons pas les référentiels de diplômes en Côte d'Ivoire au niveau Licence et Master.
- Ce n'est pas grave, on ira les chercher grâce à des partenariats en Europe.
- Vous croyez cela possible ?
- Oui je l'ai déjà fait.

En effet, en 2009, Germain OLLO a créé à Abidjan, la première école destinée au secteur de l'immobilier en partenariat avec le groupe ESPI dont le siège est à Paris.

Pour Germain OLLO, il s'agit d'une première expérience dans la formation « post bac ». Comme d'habitude, étant précurseur, il a commencé petit et loue des locaux pour ESPI Abidjan.

Pour l'école hôtelière, vu l'immensité du problème de formation, et la croissance rapide du secteur, il se dit que cette fois-ci, il va falloir tout, tout de suite. Donc voir grand dès le départ.

Aussitôt rentré en Côte d'Ivoire, il commence à imaginer sa future école hôtelière.

Pour le terrain, pas de problème. Il reste de l'espace en face d'IRMA à Grand Bassam. C'est là que se situera l'école.

Pour le nom, vu qu'il faudra aller chercher un partenariat à l'étranger, il décide d'appliquer ce qui se fait en Europe : Ecole Hôtelière + le nom de la ville.

Ce sera donc, École Hôtelière de Grand Bassam.

Pour le partenariat, après avoir choisi une école hôtelière Suisse ayant une antenne au Maroc, il s'oriente pour une collaboration avec l'une des plus grandes écoles hôtelières de France, l'école hôtelière de Savignac.

Venons-en à l'offre de service dont on sait que l'originalité sera de former au niveau Bachelor. Pour autant, pourquoi ne pas compléter cette offre avec d'autres formations qui existent déjà.

Après tout, à IRMA, les clients sont venus alors que l'école propose des diplômes ivoiriens existant ailleurs. Il a juste suffi de rendre plus originale la manière de les enseigner, et d'offrir aux élèves un cadre plus attrayant.

Aussitôt pensé, aussitôt décidé. L'école offrira, en plus du fameux Bachelor, les diplômes existants comme le BTS, et des certificats professionnels en cuisine, en salle et en réception, sur des cessions plus courtes.

D'un point de vue marketing, compléter le Bachelor avec ces deux propositions est très ingénieux pour deux raisons :

- D'abord pour l'école.

Les cessions courtes ciblent deux clientèles que personne ne touche en Côte d'Ivoire :

- o Ceux qui sont déjà dans le métier et veulent un certificat professionnel pour espérer être mieux rémunéré.

- Les étudiants qui ont été dans des filières dans lesquelles ils ne trouvent pas d'emploi et qui n'ont pas le courage de recommencer un cursus complet.

En ce qui concerne le Bachelor en hôtellerie, vu qu'il n'est absolument pas connu Côte d'Ivoire, les parents et les élèves hésiteront peut-être à choisir ce diplôme dans la continuation de leurs études. Mais les chances augmenteront s'ils ont effectué leur BTS dans l'école et qu'ils sont très satisfaits.

- Ensuite pour la profession hôtelière.

Proposer des formations courtes professionnalisantes, permettra aux hôteliers et restaurateurs de disposer de serveurs, de réceptionnistes et de commis de cuisine, déjà formés aux bases du métier disponibles rapidement.

En plus de la qualité de l'enseignement fourni, l'EHB aura deux particularités : le cadre et le taux d'employabilité.

- Le cadre :

Le cadre, en plus d'être enchanteur grâce à son bassin intérieur, sa décoration soignée et ses trois étages climatisés, propose un plateau technique inédit en Afrique subsaharienne.

En effet l'EHB offre aux étudiants, en plus des espaces d'études, un espace professionnel très complet. Il se compose d'une salle d'œnologie, de deux cuisines avec 15 pianos, d'un restaurant d'application, et d'un hôtel 3 étoiles « reconstitué » avec ses deux chambres et son hall de réception.

Pour compléter le site de Grand Bassam, un restaurant d'application est également construit au Plateau à Abidjan.

- Le Taux d'employabilité

Afin d'augmenter les chances des jeunes diplômés de trouver un bon emploi, l'EHB garantit l'obtention de stages à tous les élèves. Contrairement aux autres écoles hôtelières, y compris en France, où l'élève doit bien souvent trouver son stage tout seul, au moment de la période des stages, c'est l'EHB qui indique aux élèves où ils vont se rendre.

Ainsi, dans les filières professionnelles après 4 mois de cours intensifs, l'élève doit faire un stage de trois mois dans un hôtel ou un restaurant, selon la filière qu'il a choisie. Pour les Bachelor, la période de stage représente 9 mois pendant les trois ans d'études.

Les diplômés d'EHB qui arrivent sur le marché de l'emploi ont donc déjà une expérience significative en entreprise quelque soit la filière choisie.

J'avoue que cette pratique inédite nous a fait passer quelques nuits blanches.

D'abord, parce qu'il fallait énormément travailler en amont les relations avec les professionnels pour qu'ils acceptent d'avoir des stages disponibles pour tous nos élèves. Au fur et à mesure de l'accroissement du nombre d'élèves, pour pouvoir garantir les stages, cela voulait dire être partenaire avec tous les acteurs internationaux du secteur.

Ensuite, parce que bien souvent, c'était la première expérience professionnelle pour les élèves. Les retards, les absences, les comportements inadéquats n'étaient pas rares au début. L'équipe pédagogique devait donc, en plus des formations, suivre les élèves pour s'assurer de leurs bons comportements au travail.

Enfin, parce qu'une fois les élèves habitués, ils ont eu de plus en plus d'exigences. Ainsi, avant les stages, on voyait s'installer une file devant nos bureaux. Un tel voulait aller à San Pedro, l'autre chez Accor, encore un autre ne plus être en réception mais en salle. Bref, chacun ou presque venait exprimait ses désirs.

C'était épuisant, mais la récompense était de voir nos étudiants embauchés dès l'obtention de leurs diplômes.

Lors d'une réunion, Germain OLLO qui revenait de voyage, me dit :

- J'ai été accosté au restaurant de l'aéroport par une jeune fille qui m'a dit « Bonjour Président, je suis à l'EHB ». Je ne savais pas que l'on avait des étudiants à l'aéroport.
- C'est grâce à notre partenariat avec Servair Président. Moi aussi quand je suis partie en France, c'est un de nos étudiants qui m'a servie au bar de l'aéroport. J'étais trop contente franchement.

Là, il a regardé les personnes présentes à la réunion et a dit :

- Les étudiants d'EHB sont vraiment partout. Et pas qu'en Côte d'Ivoire, hein !

Ce jour-là j'ai senti à quel point il était satisfait et fier, de voir ces jeunes à qui il avait offert cette école, démarrer leur entrée dans la vie active.

Aujourd'hui, l'EHB forme plus de trois cents étudiants et leur permet, toujours grâce au partenariat avec l'école hôtelière de Savignac, d'étudier jusqu'au MBA. L'EHB est partenaire avec tous les grands établissements hôteliers de Côte d'Ivoire, ainsi qu'avec une multitude de restaurateurs. Certains élèves ont effectué leurs stages dans la sous-région et ceux qui le souhaitent ont la possibilité de continuer leur cursus en France à Savignac.

La maladie a décidé que l'EHB serait la dernière grande réalisation de Germain OLLO.

CONSEIL N°5 : ÉLARGISSEZ VOTRE HORIZON

Germain OLLO a développé l'École Hôtelière de Grand Bassam grâce à un partenariat international stratégique. Celui-ci lui a permis d'offrir aux Ivoiriens une éducation aux standards mondiaux.

Cette initiative démontre l'importance d'envisager des collaborations internationales pour enrichir son projet entrepreneurial et stimuler la croissance de ses entreprises.

En effet, ce type de partenariat peut apporter des avantages significatifs comme l'accès à de nouvelles ressources, compétences ou opportunités de marchés.

Dans le cas de l'EHB, c'est Savignac qui a fourni les référentiels de diplômes qui n'existaient pas en Côte d'Ivoire, ce qui a permis une double diplomation pour les élèves.

Toutefois, il est crucial de s'assurer que ces partenariats sont mutuellement bénéfiques et équitables. Cela implique une communication transparente, une compréhension fine des besoins et objectifs de chaque partie, ainsi qu'une recherche approfondie pour identifier bon partenaire

DEUXIÈME PARTIE

LES CLÉS DE LA RÉUSSITE

Dans la première partie de cet hommage, nous avons détaillé le parcours exceptionnel et les grandes réalisations de Germain OLLO.

Il est temps à présent de s'intéresser à sa philosophie et à sa vision d'entrepreneur.

Détailler ces deux éléments est fondamental pour nous permettre l'élaboration d'un « manuel de la réussite » utilisable pour les futurs jeunes entrepreneurs.

En effet, si 78% des jeunes en Afrique pensent créer un jour leur propre entreprise (Ichikowitz Family Foundation, étude 2022), peu nombreux sont les ouvrages qui expliquent les réussites des chefs d'entreprises africains depuis l'indépendance des pays du Continent.

Les jeunes gens qui recherchent des conseils pour leur future création d'entreprise, sont donc la plupart du temps, obligés de recourir à des manuels comportant des modèles de réussite qui ne leur ressemble pas.

Les chercheurs en Sciences de Gestion se penchent depuis longtemps sur les entrepreneurs et l'entrepreneuriat. Ainsi les grands entrepreneurs occidentaux ont-ils été observés sous toutes les coutures, et s'il est impossible de dégager « UN » modèle qui pourrait servir aux futurs candidats à l'entrepreneuriat, certains points communs dans leur manière d'être et de faire les distinguent des autres individus.

Germain OLLO possède aussi bien les traits de personnalité nécessaire à l'aventure entrepreneuriale, que le comportement étudié chez tous les grands fondateurs d'entreprises occidentaux.

Mais ce qui fait la particularité de Germain OLLO, outre toutes ces prédispositions, c'est la forte dose de culture africaine qui imprègne son parcours.

Dans cette deuxième partie, nous examinerons donc :

- Les traits communs que possède Germain OLLO avec tous les entrepreneurs occidentaux
- Les spécificités culturelles africaines qui ont contribué à sa réussite.

Cette distinction nous permettra de mettre en lumière deux paramètres essentiels et évidents de la réussite entrepreneuriale :

1° L'Entrepreneuriat n'est pas fait pour tout le monde. En effet, à travers les traits de personnalité communs à tous les entrepreneurs, nous verrons que certains critères, comme la confiance en soi et l'aptitude au dépassement de soi, sont nécessaires pour affronter la vie risquée des chefs d'entreprises.

2° L'apport culturel africain est indispensable pour réussir à entreprendre en Afrique. À travers le parcours entrepreneurial de Germain OLLO, nous examinerons comment la fine compréhension des clients africains, ainsi qu'une gouvernance basée sur la culture africaine, sont les piliers essentiels de la réussite sur le continent.

LES TRAITS COMMUNS À TOUS LES ENTREPRENEURS

De manière générale, il est admis dans la littérature consacrée à l'entrepreneuriat, que les savoirs être similaires à tous les entrepreneurs peuvent être regroupés en deux facultés : La confiance en soi et la capacité de se dépasser.

LA CONFIANCE EN SOI

Selon le dictionnaire Larousse, la confiance en soi est la conscience que l'on a de sa propre valeur et dans laquelle on puise une certaine assurance.

On voit bien dans cette définition que la confiance en soi va au-delà de l'estime de soi.

En effet, si l'estime de soi est une vision subjective que l'individu a de lui-même, suite aux compliments de sa mère ou des félicitations de ses professeurs par exemple, la confiance en soi va plus loin, car elle est une mise en action de l'estime de soi.

Pour résumer, il est possible de schématiser cette différence de la manière suivante :

Estime de soi	Confiance en soi
Se donner de la valeur	Connaître ses capacités
Être fier de soi	Être sûr de soi
Mental	Action

Comme on le voit clairement dans ce petit tableau, si l'estime de soi est indispensable pour nous persuader que l'on a les capacités de faire face au futur, c'est la confiance en soi qui pousse les individus à se jeter dans l'action sans peur ni doutes.

La confiance en soi est donc essentielle pour être entrepreneur, pour les raisons suivantes :

- Par la connaissance de ses capacités, l'entrepreneur sait immédiatement ce qu'il peut ou non réaliser. Sa vision pour son entreprise en est d'autant plus claire ainsi que ses prises de décisions.
- Par le fait d'être sûr de lui, donc de son idée, l'entrepreneur a la patience d'attendre que son projet réussisse.
- Par son aptitude à agir, il gère mieux les risques et se relève plus facilement en cas d'échec.

En ce qui concerne Germain OLLO, j'ai rencontré plusieurs personnes qui l'ont connu à ses débuts de jeune entrepreneur. Tous ont évoqué la confiance en lui qu'il dégageait déjà à cette époque.

Cette confiance en lui se manifestait par la foi qu'il avait en ses projets, sa manière de voir toujours le côté positif de sa situation et la facilité apparente avec laquelle il semblait réaliser ses idées.

Très jeune, déjà, Germain OLLO avait testé ses capacités dans le domaine commercial.

Comme il l'a raconté dans l'émission Matin Bonheur en 2020, alors qu'il était au CE1, sa grande sœur n'arrivant pas à vendre les beignets que confectionnait sa maman, il décida de prendre les choses en main.

« J'allais voir les gens. Je disais Bolo, Bolo et en cinq minutes, j'avais tout vendu. L'été, les autres partaient au Football, ou s'amuser. Moi je vendais à mes camarades quand ils avaient fini le football. Je ne m'amusais pas. Il faut mettre à profit son temps. » (*Germain OLLO, Matin Bonheur, 2020*)

Il fallait voir sa joie, quand il a raconté ces anecdotes dans l'émission télévisée. C'est avec une grande fierté qu'il évoquait ses activités, et un grand sourire quand sa maman lui disait :

- Chez toi, c'est inné.

Cette aptitude et cette facilité à vendre qu'il avait enfant démontraient, outre sa capacité à gagner de l'argent, son pouvoir de conviction.

Le pouvoir de conviction, c'est-à-dire la capacité que nous avons à faire passer une ou plusieurs personnes de leurs positions initiales, à ce que nous souhaitons qu'elles fassent, est indispensable à toute personne qui souhaite avoir une influence sur les autres.

Ce pouvoir peut s'exercer sur les clients de plusieurs manières. On peut :

- Faire appel à leur raison, à travers une argumentation solide et des objectifs clairement énoncés
- Éveiller des émotions comme l'empathie, la compassion, ou l'envie par exemple.
- Solliciter l'opinion ou les suggestions de la cible, pour obtenir son engagement.

Plus une personne maîtrise le pouvoir de convaincre, plus vite elle parviendra à faire adhérer à ses vues.

Petit, Germain OLLO a testé son pouvoir de conviction, sur ses « clients ». Avançant dans l'âge, il a étendu ce pouvoir à tous ses interlocuteurs, qu'ils soient clients, collaborateurs ou fournisseurs.

C'est bien simple, je n'ai jamais vu quelqu'un lui dire NON.

Bien sûr, ses fonctions de Chef d'entreprise et de Vice-Président du Sénat imposaient le respect et une tendance à l'obéissance. Mais chez lui, cela allait au-delà du devoir. Les gens qui l'approchaient avaient naturellement à cœur de le satisfaire.

Je me rappelle d'une fois au salon du tourisme où il était arrivé sur le stand de l'EHB vers 17H30.

Très enthousiaste, il avait commencé par nous féliciter pour ce que nous avions fait.

- « C'est beau vraiment ! Vous avez bien travaillé. »

Le connaissant, je savais qu'il y avait deux possibilités :

- Soit il pensait vraiment que tout était très bien. Auquel cas, il allait regarder encore un peu, nous féliciter encore et nous dire bonsoir.
- Soit, comme tout bon vendeur qui souhaite obtenir quelque chose, il nous mettait d'abord en « ouverture » avec des compliments. Dans ce cas, forcément, il allait s'asseoir pour nous expliquer la liste de choses à refaire.

Il s'est assis. Très habile, il n'a pas commencé à dire ce qu'il voulait mais a procédé ainsi :

- L'EHB étant la seule à former à post bac dans tout le pays, beaucoup de personnalités vont venir sur le stand. Je sais que le Ministre du Tourisme et sa délégation voudront s'arrêter. Je crois que l'espace consacré au salon est un peu petit. Il faudrait plus de fauteuils, et le disposer autrement.

- Combien de fauteuils, Présidents ?

- Au moins deux de plus.

- D'accord Président, j'envoie le camion pour aller les chercher.

- Demain matin, vous penserez aussi à aller chez le fleuriste pour commander les bouquets. Des beaux bouquets, au moins 4.

- Oui Président

- Parfait.

Il a continué à regarder autour de lui.

- Tu vois la banderole avec le nom de l'EHB devant le stand, elle me paraît un peu petite. De loin, quand je suis arrivé, je ne la voyais pas bien.

- D'accord Président. Mais le salon commence demain matin à 10H00, vous êtes sûr qu'on pourra en faire imprimer une autre ?

Comprenant à ma réponse, que j'étais mal à l'aise avec le fait d'appeler l'imprimeur car je n'étais pas sûre d'arriver à le convaincre, il m'a répondu.

- Ne t'inquiètes pas, il n'est que 18 heures. j'appelle l'imprimeur.

- Merci, Président.

Et forcément, le lendemain matin dès 09H00 nous avons eu la banderole.

Franchement, quand il est arrivé, nous étions tous fatigués. Depuis le matin 7H30, nous étions à la tâche pour ce stand, et à 18H00, tout le monde n'avait qu'une envie c'était de rentrer à la maison.

On aurait pu partir avant qu'il arrive. Sachant comment nous avions travaillé, il ne nous aurait rien dit. Mais, nous sommes restés là à attendre sa visite, en étant parfaitement conscients, que l'on risquait de devoir tout refaire.

On savait qu'il viendrait. Malgré son emploi du temps hyper chargé, malgré ses obligations officielles, on savait qu'il prendrait le temps de venir voir les stands de l'EHB et de N'SA.

Et ce que l'on savait aussi, c'est que c'était le meilleur « vendeur » d'entre nous tous, et que nous n'avions pas son talent pour savoir comment satisfaire les visiteurs et améliorer la mise en lumière de l'EHB.

Aussi, nous sommes restés. Et c'est avec joie, qu'à tout ce qu'il nous a demandé, nous avons répondu : Oui Président.

Connaissant ses capacités, sûr de lui, nous avons vu dans la première partie que Germain OLLO était également un homme d'action.

Comme nous l'avons détaillé dans son parcours, cela se traduisait par sa frénésie de création, de développement et d'investissement, soutenue par son talent à anticiper le marché et à saisir les opportunités.

Mais le talent seul ne suffit pas. « Sans travail, le talent n'est qu'un feu d'artifice : çà éblouit un instant, mais il n'en reste rien » (*Roger Martin du Gard*).

Germain OLLO, lui, disait « Le feu d'artifice est beau, mais il ne cuit pas la nourriture. Nous serons jugés non pas sur nos suppositions, mais sur nos actions » (*Germain OLLO, 2020*).

Une autre manière de dire, même si tu sais ce qu'il faut faire, même si tu as de la valeur, si tu n'agis pas et si tu ne travailles pas, tu n'auras aucun résultat.

Donc pour s'assurer que son talent et sa confiance en lui, garantirait son succès, Germain OLLO, agissait et travaillait. Beaucoup, passionnément, énormément.

Loin de ce type d'entrepreneurs « absentéistes » qui avaient fleuri en Côte d'Ivoire dans les années 70, il ne concevait pas ses entreprises comme des rentes, mais comme un emploi à temps plein.

Franchement, de nous tous, même si nous étions à la tâche en permanence, même si nous n'hésitions pas à annuler des évènements, des vacances en cas d'urgence, c'est lui qui travaillait le plus.

Ne l'ayant jamais vu prendre de vacances pendant ma collaboration avec lui, j'ai interrogé les collaborateurs qui l'accompagnaient depuis plus de 25 ans. Eux n'ont plus, ne l'avaient jamais vu partir en congés.

Infatigable, il déclarait :

« L'énergie qui a créé les coquillages est cette même énergie qui a créé les diamants. Mais ce dernier a plus de valeur parce que tout simplement on ne le ramasse pas comme on ramasse des coquillages. Donc tu as le choix :

- Soit de travailler pour représenter le coquillage,

- Soit de bosser dur pour être aussi rare que le diamant.

Toutes les pierres se valent, mais c'est l'effort et le temps pour les avoir qui fait la différence ». (*Germain OLLO, 2020*)

Sûr de lui, conscient de ses capacités, résolument décidé à agir et possédant une force de travail hors normes, Germain OLLO, réunissait toutes les caractéristiques de la confiance en soi qui est le premier atout des grands chefs d'entreprises occidentaux.

Il aurait pu se contenter d'une entreprise et consacrer son temps à la développer. Mais, comme tous les grands entrepreneurs, il savait que pour réussir, « il ne suffit pas de continuer. Il faut toujours se dépasser » (*Madeleine Ferron*).

L'envie de se dépasser

Il est impossible de comprendre la dynamique entrepreneuriale, c'est-à-dire la raison qui pousse des individus à créer des entreprises, sans essayer de comprendre les motivations qui les poussent dans cette aventure.

Les thèses et études réalisées sur ce sujet indiquent que la motivation la plus répandue au sein des grands entrepreneurs est l'accomplissement de soi.

C'est le psychologue américain Maslow qui a définit l'accomplissement de soi, en l'intégrant à la fin de sa vie, comme « l'étage ultime » de sa pyramide.

Dans les années 50, cherchant à comprendre les motivations de l'être humain, Maslow instaure l'idée que chacune de nos motivations répond à la nécessité de répondre à un de nos besoins fondamentaux.

Pour lui, même si tous nos besoins sont présents au sein de chaque individu, il existerait une hiérarchie, qui fait qu'un certain type de besoin se ferait plus sentir à un moment donné de notre vie.

Au début de ses travaux, il classe donc les besoins fondamentaux en quatre groupes :

- Les besoins physiologiques, comme boire manger ou respirer.

Pour Maslow, la première motivation de l'homme est d'assurer sa survie en satisfaisant ses besoins vitaux. Tant que ceux-ci ne sont pas remplis à un niveau satisfaisant, il serait pratiquement impossible à tout être humain de penser à autre chose. Pour le dire autrement, la sagesse Bambara a ce proverbe : « La faim qui aplatit le ventre corrigera l'enfant qui refuse de travailler » *(Proverbe Bambara)*.

Une fois ces besoins satisfaits, Maslow identifie

- Les besoins sécuritaires

Ce type de besoin fait référence à ce que les individus identifient comme des menaces, des risques, des inquiétudes ou des doutes.

Les besoins sécuritaires comprennent :

- o Les besoins de sécurité matérielle : être protégé de la violence, ou avoir un toit sur la tête par exemple
- o Les besoins de sécurité affective comme le fait de se sentir écouté et soutenu

Ensuite, toujours selon sa pyramide, viennent

- Les besoins d'appartenance et d'amour.

Ces besoins reflètent la nécessité que nous avons de nous sentir aimé et de trouver notre place au sein d'une communauté ou d'un groupe.

Pour finir cette première version de son modèle, Maslow placent

- Les besoins d'estime.

Cet étage de la pyramide correspond aux besoins de nous sentir reconnus et respectés par ceux qui nous entourent. Cela correspond aux éléments que nous avons regroupé autour de l'estime de soi, dans le sens où, quand nous sommes valorisés, nous nous sentons fiers de nous-mêmes.

Maslow connaissant un succès mondial avec sa pyramide de la motivation, les critiques du modèle ne tardèrent pas à affluer.

Conscient des limites de ce qu'il avait lui-même créé, il chercha à améliorer sa théorie.

C'est ainsi qu'à la fin de sa vie, il rajouta au dernier étage de sa pyramide, les besoins d'accomplissement de soi, aussi appelé « dépassement de soi » ou « transcendance de soi », puisque le mot anglais utilisé par Maslow est « self transcendence »

Maslow définit ces besoins en deux parties :

- La recherche du dévouement : c'est-à-dire le fait de sacrifier son égo à quelque chose ou quelqu'un. Cela peut se traduire par la défense d'une cause dépassant les intérêts personnels (exemple : l'environnement, la justice sociale, le progres...) ou le besoin de s'unir à quelque chose de divin et de spirituel comme la religion.
- La recherche de l'être humain d'aller au-delà de soi, de se dépasser par la mise en œuvre d'une expérience intense.

Pour en revenir aux entrepreneurs, c'est donc dans les besoins d'accomplissement de soi, que nous retrouvons leurs principales motivations. Ces motivations, sont généralement précisées dans la mission qu'ils assignent à leurs entreprises.

À titres d'exemples :

- Steve Jobs, le fondateur d'Apple, avait pour motivation d' « offrir aux étudiants, enseignants, ingénieurs, concepteurs, gens d'affaires et scientifiques, le produit informatique parfait ».
- Quand on demande à Elon Musk, créateur de plusieurs entreprises, dont Paypal et Tesla, sa motivation, il répond sans hésiter : « sauver l'humanité ».
- Henri Ford, inventeur de l'automobile de masse, disait « alors que la voiture est réservée à des privilégiés, je mettrai le monde sur les roues en produisant une voiture accessible à tout le monde.

Semblable à ces grands entrepreneurs, Germain OLLO était motivé par le besoin de se dépasser.

Ayant su très jeune qu'il pouvait assurer sa subsistance, se sentant dans sa jeunesse en sécurité grâce à la période de prospérité que vivait la Côte d'Ivoire, aimé de sa famille, encouragé par ses professeurs et reconnu par son premier employeur, il ne pouvait qu'accéder à l'étage ultime de la pyramide de Maslow, en cherchant la transcendance de soi.

Dès la création de son cabinet d'ingénierie, ICI, sa motivation première a été de contribuer au développement de son pays.

« Nous nous sommes engagés, à notre humble niveau de l'échelle sociale, à contribuer au processus du développement de la Côte d'Ivoire et cela dans divers secteurs d'activités. *(Germain OLLO, 2021).*

Le mot « engagés » est fort dans le sens où, si la motivation est une impulsion qui permet de démarrer une action, l'engagement indique une notion de durée et de lien par rapport aux actes que l'individu décide d'accomplir.

Ce lien, loin d'être considéré comme une entrave, est un chemin qu'a choisi Germain OLLO et qui l'a poussé à assumer ses valeurs, et à se dépasser.

« Telle une ruche d'abeille, chacun d'entre nous à son rôle à jouer pour un meilleur positionnement de notre pays La Côte d'Ivoire. Nous avons donc l'obligation de nous illustrer de la meilleure des façons qui soient et de marquer positivement notre passage ici-bas. », *(G OLLO, 2020)*.

Faisant intuitivement sienne la philosophie de Jean Paul Sartre, Germain OLLO pensait que « l'homme est engagé dans un monde qu'il créé sans cesse et auquel il donne un sens » (*Jean Paul Sartre*). Autrement dit, chaque individu est responsable du monde dans lequel il vit.

Cette responsabilité à laquelle il avait souscrit, impliquait pour lui la nécessité de réussir.

« Perdre ou Gagner est toujours fonction de notre mental. Nous devons être capables de tirer jusqu'à la dernière minute le meilleur de nos ressources mentales et morales afin de toujours triompher. », (*G OLLO, 2020*).

Au vu de ce qui précède, nous pourrions schématiser la transcendance de soi de la manière suivante :

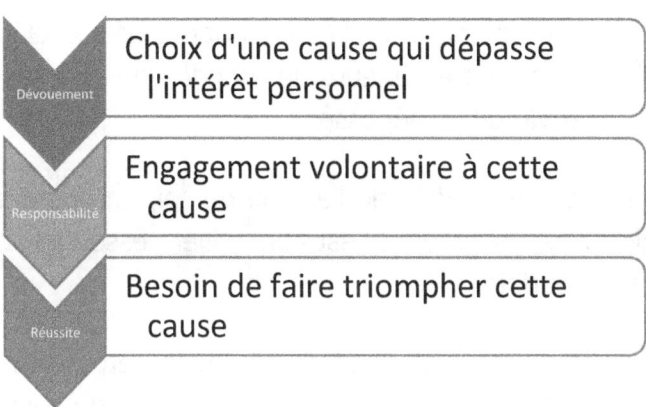

Ce cheminement de pensée a pour principale qualité de transformer chez l'individu, la perception des obstacles.

En effet, grâce au dépassement de soi, l'individu n'a plus l'impression d'être face à un mur quand il rencontre une difficulté, mais d'avoir une nouvelle marche à gravir pour atteindre son objectif.

« L'épreuve peut être aussi haute qu'elle veut, mais elle ne sera jamais assez haute pour dépasser la grandeur de la raison pour laquelle tu fais ce que tu fais. », *(G OLLO, 2020)*.

Autrement dit, quand la cause à laquelle on se dévoue est sincèrement choisie, le dépassement de soi est tel, que les peurs et les doutes ont tendance à disparaître.

Germain OLLO disait de la peur qu'elle était notre pire ennemi et « qu'elle tuait plus de gens que la plupart des choses dont les gens ont peur » *(G OLLO, 2020)*.

En fin de compte, ce chapitre met en évidence deux éléments cruciaux partagés par les entrepreneurs du monde entier, à savoir la confiance en soi et l'envie de se dépasser.

La confiance en soi, allant au-delà de l'estime de soi, en poussant les individus à agir sans hésitation, est un pilier essentiel de la dynamique entrepreneuriale.

L'exemple de Germain OLLO illustre parfaitement cette confiance, maquée par son assurance et soutenue par un pouvoir de conviction acquis dès le plus jeune âge.

En parallèle, l'accomplissement de soi, au sens où l'a défini Maslow, se révèle comme la motivation principale des entrepreneurs.

Germain OLLO, animé par le besoin de contribuer au développement de son pays, incarne cette volonté de transcender l'égo pour se dévouer à une cause plus grande que les intérêts personnels.

Son engagement sans faille, sa force de travail inépuisable et sa capacité à surmonter les obstacles ont été les piliers de son succès entrepreneurial.

Cependant, il est crucial de souligner que si ces traits de personnalités communs à tous les entrepreneurs occidentaux, ont contribué au succès de Germain OLLO, le contexte national et les particularités de sa culture ivoirienne, ont également joué un rôle majeur dans sa réussite sur le sol africain.

Est-il possible de réussir en tant qu'entrepreneur dans une contexte national jugé défavorable par la majorité des études consacrées à ce sujet ?

La culture ivoirienne agit-elle en synergie avec les traits de personnalités communs aux entrepreneurs ? Et dans l'affirmative, dans quelle mesure ?

Voilà les deux questions essentielles auxquelles le chapitre suivant, intitulé « Les particularités ivoiriennes » apportent des éléments de réponse.

LES PARTICULARITÉS IVOIRIENNES

Après avoir exploré dans le chapitre précédent, les traits de personnalités partagées par Germain OLLO avec ses homologues occidentaux, cette section met en avant les influences du contexte national et les richesses que sa culture ivoirienne ont apportées à sa trajectoire entrepreneuriale.

Il est évident que le contexte national dans lequel un individu veut entreprendre a une grande influence sur sa décision de création d'entreprise.

Pour preuve de cet impact, le « Doing Business de la Banque Mondiale » dans le but d'établir la liste des meilleurs pays pour créer une entreprise, prend en compte des facteurs tels que :

- La réglementation, les infrastructures, la fluidité des formalités administratives et la facilité du commerce transnational.

Cependant, ces facteurs ayant leurs limites, car ils n'expliquent pas à eux seuls les réussites entrepreneuriales de certains pays, l'influence de la culture nationale sur l'entrepreneuriat a été étudiée par de nombreux chercheurs.

Les travaux sur l'entrepreneuriat s'articulent donc selon deux axes, que sont le niveau national et le niveau individuel.

Au niveau national, les études se sont concentrées sur l'intention entrepreneuriale et la création d'entreprise.

Au niveau individuel, des travaux comme ceux d'Hofstede ont mis en lumière comment la culture imprègne l'individu en général et l'entrepreneur en particulier, aussi bien dans sa décision d'entreprendre, que dans sa manière de gérer et de développer son entreprise.

Ainsi, en examinant les défis mais aussi les opportunités que représente le cadre national ivoirien et la culture ivoirienne dans le domaine de l'entrepreneuriat, nous nous attarderons sur la manière dont Germain OLLO a su tirer profit des spécificités de son environnement pour consolider sa réussite entrepreneuriale sur le continent africain.

LE CADRE NATIONAL

L'esprit d'entreprendre n'étant pas un phénomène constant, les nations mesurent régulièrement leur dynamique entrepreneuriale à travers notamment la volonté d'entreprendre (Intention entrepreneuriale) et le nombre de nouveaux entrepreneurs (Création d'entreprise).

Comparer ces deux notions permet d'analyser l'écart entre ceux qui souhaiteraient entreprendre, et ceux qui passent réellement à l'acte. Au vu de cet écart, les gouvernements peuvent donc affiner leurs politiques publiques afin de faire émerger des intentions entrepreneuriales et d'augmenter la création d'entreprises.

À titre d'exemple, en 2018, selon le rapport du GEM (General Entrepreneurship Monitor), la France se situait au même niveau que l'Allemagne en ce qui concerne les nouveaux entrepreneurs (créations d'entreprises), mais était loin derrière le Royaume Uni et les USA.

Par contre, dans le domaine de la volonté d'entreprendre, la France dépassait les USA, puisque 18% de la population française âgée de 18 à 64 ans souhaitait entreprendre contre seulement 12.1% aux États-Unis.

Ces chiffres démontrent que, si la réserve d'entrepreneurs potentiels est supérieure en France, beaucoup moins de français franchissent le pas de la création d'entreprise par rapport aux américains.

On comprend aisément d'après ces chiffres, que si la France veut développer son réseau de TPE / PME, elle ne doit pas faire un effort au niveau de l'éducation par exemple, pour faire émerger un esprit entrepreneurial, mais doit radicalement changer les conditions de la création d'entreprises.

L'écart entre l'étape de l'intention et de la création étant fondamental pour le développement de l'entrepreneuriat, de nombreux travaux ont tenté de l'expliquer.

Selon les études, cet écart se réduit en fonction, essentiellement, de 4 facteurs :

- La mise en avant qui est faite par un pays et ses médias, des entrepreneurs en tant que modèles de réussite.
- Le fait que le statut d'entrepreneur soit associé par la population à une position sociale élevée.
- La présence importante d'opportunités dans le pays.
- Le cadre réglementaire de la création et du développement d'entreprise.

Le cadre national ivoirien était-il favorable à l'intention entrepreneuriale, et à la création d'entreprise quand Germain OLLO a décidé de se lancer ? Pas vraiment !

Comme nous l'avons vu au début de ce livre, ce n'est que depuis une petite dizaine d'années que le gouvernement et les médias de Côte d'Ivoire mettent en avant l'entrepreneuriat et les entrepreneurs.

Même si dès l'indépendance, la Côte d'Ivoire a mis en place des mesures incitatives destinées à la création d'entreprises, elles ont attiré en priorité des entrepreneurs dits « absentéistes » qui considéraient l'entreprise comme une rente et non pas comme une activité.

Le statut social élevé des entrepreneurs était surtout associé dans les années 80 en Côte d'Ivoire aux entrepreneurs étrangers, qui étaient pratiquement les seuls à avoir développé de grandes entreprises dans le pays.

Dans cette même période, la Côte d'Ivoire était dans une situation économique si difficile, que les obstacles étaient plus évidents que les opportunités.

Enfin dans les années 80, le cadre réglementaire, comme l'accès au capital, la facilité de créer une structure ou les fluidités de commerce transfrontalier, n'étaient pas spécifiquement orientés vers la création d'entreprises mais plutôt vers le soutien aux exportations des matières premières.

En résumé, si à l'heure actuelle la Côte d'Ivoire est un pays qui a adopté une politique d'incitation à l'entrepreneuriat et que le pays est devenu un cadre propice au développement d'entreprises privées, tel n'était pas le cas dans les années 80 quand Germain OLLO décida de tout quitter pour entreprendre.

LE CADRE INDIVIDUEL

Ignorant ce cadre défavorable, croyant au plus profond de lui au développement de son pays, Germain OLLO ne doit donc son parcours qu'à sa seule volonté d'entreprendre.

Au niveau national, en dehors d'un contexte de politiques publiques favorables, l'entrepreneuriat peut être favorisé par la volonté d'entreprendre, appelée en Sciences de Gestion l'Intention entrepreneuriale.

Cette volonté manifestée par l'"entrepreneur est, selon les études, la combinaison de 3 types de facteurs :

- Les facteurs économiques liés aux caractéristiques du marché visé
- Les facteurs inter-individuels relatifs à l'environnement social de l'entrepreneur
- Les facteurs individuels propres à l'entrepreneur.

Les facteurs économiques :

À l'époque où Germain OLLO a commencé à entreprendre, la Côte d'Ivoire était dans une situation économique très difficile, qui s'apparentait à une récession.

Rappelons-le, ICI est créé en 1981, alors que les investissements publics en infrastructures diminuent considérablement, au vu de coupes budgétaires imposées par la crise que traversait le pays.

Lors de la création d'IRMA, en 1983, la situation ne s'était pas améliorée.

Le taux de chômage restait important, obligeant les ménages à réduire drastiquement leurs dépenses.

Le contexte est différent en 1987, lors de la construction de N'SA puisque l'économie de Côte d'Ivoire connaît une embellie depuis 1985, avec l'augmentation des prix des matières premières. Malheureusement, il ne s'agira que d'une parenthèse qui s'arrêtera début 1988.

Pour résumer l'influence qu'ont eu les facteurs économiques sur la volonté d'entreprendre de Germain OLLO, on peut la qualifier de mitigée.

En effet, elle a été absente si l'on se réfère au contexte national, qui est défavorable pour ces deux premières entreprises.

Par contre, l'influence a été favorable si l'on considère que c'est le développement d'ICI, même freiné par la mauvaise conjoncture, qui permettra à Germain OLLO d'envisager d'autres investissements.

Les facteurs inter-individuels :

Ces éléments sont relatifs à l'environnement social de l'entrepreneur. Principalement, ils font référence au fait que l'entrepreneur soit lui-même enfant ou parent de chefs d'entreprise, ou que le futur entrepreneur soit très entouré par des chefs d'entreprises.

Dans le cas de Germain OLLO, il est probable que l'activité de commerçante de sa maman eu deux influences sur son intention entrepreneuriale.

La première, de choisir comme premier emploi le secteur privé. Et donc, contrairement à ses promotionnels, de faire le choix d'un entrepreneur plutôt que du fonctionnariat.

La deuxième, d'appréhender les contraintes et les avantages des travailleurs indépendants. Cette connaissance a pu créer chez Germain OLLO, ce que les chercheurs appellent « un sentiment d'auto-efficacité entrepreneuriale », c'est-à-dire « une confiance des entrepreneurs en eux-mêmes, dans leurs propres capacités entrepreneuriales, avant qu'ils ne soient disposés à se lancer dans les affaires » (*Bandura, 1986*). Pour le dire plus clairement, il était persuadé qu'il allait y arriver avant même de créer sa première entreprise.

Les facteurs individuels : ces paramètres, qui sont propres à la personnalité ou au ressenti du futur entrepreneur, influencent de manière positive la volonté d'entreprendre.

Dans le cas de Germain OLLO, cette intention s'est certainement formée dès son plus jeune âge comme nous l'avons vu dans le paragraphe précédent.

En ce qui concerne l'étape suivante, c'est à dire la création d'entreprise, un facteur essentiel semble avoir été déterminant pour lui : la passion.

Le dictionnaire Larousse définit la passion comme « un sentiment d'attachement puissant et exclusif (*Larousse*).

C'est exactement ce que ressentait Germain OLLO pour la Côte d'Ivoire.

Cet attachement pour son pays s'est transformé en passion profonde et sincère, lorsqu'il s'est fixé comme objectif de contribuer de toute son âme, de toutes ses forces et de toute sa volonté, à la contribution du développement de la Côte d'Ivoire.

Comprenant que ce but ne serait jamais atteint en construisant des logements pour des particuliers, il quittât sans regret un emploi très bien rémunéré dans lequel il avait de gros moyens d'actions et une grande marge de manœuvre, pour être son propre patron dans un petit magasin.

« J'ai commencé à entreprendre en Février 1981 avec un des 1er Bureau d'études privé ivoirien. Ironie du sort, je n'avais pas de bureau. Je partageais un petit magasin avec un collaborateur et ma secrétaire Gnima. Souvent, je faisais office de commercial, et il y avait des moments où, quand j'arrivais tôt au travail, je passais le balai » *(Germain OLLO, 2020)*.

Germain OLLO disait : « Laissez-vous guider par votre passion et mettez-y toute votre énergie. » *(Germain OLLO, 2020)*.

Cela veut-il dire qu'en se laissant guider par une passion sincère, il est possible de créer une entreprise et de réussir dans l'entrepreneuriat ?

Au vu des études menées sur les entrepreneurs en Sciences de Gestion, il semble que oui.

En effet, aussi étrange que cela puisse paraître au premier abord, la passion est décrite dans les recherches spécialisées comme l'un des critères les plus importants dans la volonté d'entreprendre et dans la réussite entrepreneuriale.

Ceci est principalement dû au fait que la passion « en donnant des forces, donne du courage » *(Voltaire, Correspondance)*.

Elle est ainsi à l'origine non seulement de la motivation, mais également de la persévérance et de la résistance face à l'échec.

En ce qui concerne Germain OLLO, sa passion initiale pour son pays, lui donna donc le courage de se lancer dans l'entrepreneuriat.

Constatant ensuite que l'entrepreneuriat, via la création de plusieurs entreprises, lui permettait tous les jours d'assouvir sa passion, et que cela le satisfaisait pleinement, il développa tout naturellement une passion entrepreneuriale.

Dès la création d'IRMA, il s'identifia donc complètement à ce qu'il appelait « la race des entrepreneurs ».

Les chercheurs ont mis en avant trois types de passion entrepreneuriale, selon les profils des entrepreneurs :

- La passion d'inventer qui consiste à créer de nouveaux produits ou services.
- La passion de fonder qui revient à avoir un intérêt pour la création de plusieurs entreprises
- La passion de développer les entreprises créées.

En ce qui concerne Germain OLLO, et au vu de son parcours, il semble que la passion d'inventer et de fonder aient été prédominantes chez lui.

En effet, en ce qui concerne le développement des entreprises, il cherchait en premier lieu à trouver les bonnes compétences et à vérifier que ses Directeurs Généraux mettaient en œuvre sa vision.

Au bout du compte, ce chapitre permet de comprendre l'importance du cadre national dans la dynamique entrepreneuriale en mettant en lumière les multiples facteurs qui influencent la volonté d'entreprendre et la création d'entreprises.

Il souligne également l'histoire de la Côte d'Ivoire en matière d'entrepreneuriat, en le corrélant aussi bien aux différents contextes économiques, qu'aux évolutions des politiques publiques.

À travers l'exemple de Germain OLLO, nous observons comment, malgré un cadre national initialement défavorable, la passion et la détermination peuvent faire émerger des entrepreneurs et comment les défis économiques et sociaux de la Côte d'Ivoire, ont pu affecter le développement de l'entrepreneuriat.

Le prochain chapitre, consacré à « L'impact de la culture ivoirienne sur l'entrepreneuriat » nous permettra d'approfondir l'impact des facteurs culturels sur les comportements entrepreneuriaux.

LA CULTURE IVOIRIENNE

En dehors du cadre national et des influences des politiques publiques, les phénomènes entrepreneuriaux sont également étudiés par l'approche culturaliste.

Cette démarche définit d'abord la notion de culture, et décrit ensuite l'impact qu'elle a aussi bien sur la dynamique entrepreneuriale que sur les comportements de l'entrepreneur.

La définition du mot « culture » en Sciences de Gestion a été donnée entre autres par Gary R. Weaver en 1986. Comparant la culture à un iceberg, il la divise en deux parties :

- La partie visible qui inclut la langue, l'histoire, la littérature, la musique ou la gastronomie
- La partie invisible qui regroupe les valeurs, les codes culturels, le langage corporel et les règles de politesse.

S'inspirant de ces travaux, Geert Hofstede a réalisé une étude pendant six ans au sein des différentes filiales mondiales d'IBM, afin de démontrer que la culture « est une programmation mentale » qui a un impact sur le management et la gouvernance d'une entreprise.

Le résultat est son célèbre « modèle de l'oignon » qui identifie 4 dimensions culturelles permettant de comparer les cultures entre elles :

- L'individualisme ou le collectivisme
- La distance hiérarchique
- Le contrôle de l'incertitude
- Les valeurs féminines ou masculines.

Depuis la fin des années 80, ce sont ces 4 dimensions qui font référence quand on souhaite savoir si une culture, notamment nationale, est propice à l'entrepreneuriat.

Même si l'impact culturel a dernièrement était nuancé dans la dynamique entrepreneuriale, il est généralement admis que certaines cultures, comme les cultures anglo-saxonnes, favorisent l'entrepreneuriat et l'émergence d'entrepreneurs, alors que d'autres, comme les cultures africaines, les freinent.

Pour le dire plus clairement, pour la majorité des gens, quand on veut devenir entrepreneur, il vaut mieux être américain qu'ivoirien.

Pour Germain OLLO, la culture ivoirienne n'était pas un iceberg mais un arbre.

Ainsi pour lui, « Sans l'arbre, qu'il soit bon ou mauvais, il n'y aurait pas de Fruits. Nos traditions regorgent de leçons de vie et ces leçons traversent toutes les générations. En ce qui concerne nos sources orales, certains les utilisent sans en connaître vraiment la teneur, alors que chacune de ces sources nous apprend quelque chose d'essentiel à la vie et à la communauté. Un retour à ces principes est fondamental » *(G. OLLO, 2020)*.

Comme toujours, il a tordu le cou à tous les clichés et à toutes les études, en démontrant que la culture ivoirienne, loin d'être une entrave à l'entrepreneuriat, comporte des aspects qui amènent une dimension sociale et relationnelle dont l'Occident commence à mesurer l'importance.

Dans ce chapitre, nous nous concentrerons sur les deux dimensions qui ont eu le plus d'impact dans la réussite entrepreneuriale de Germain OLLO, à savoir : le collectivisme et le contrôle de l'incertitude.

Afin de compléter cette analyse culturelle, nous introduirons une notion qui nous semble essentielle dans la culture ivoirienne: le rapport au temps.

- <u>Individualisme versus Collectivisme</u>

Les cultures africaines, tout comme les cultures asiatiques, sont souvent décrites comme étant collectivistes.

C'est-à-dire qu'elles mettent l'accent sur les liens communautaires, la solidarité et l'importance du groupe par rapport à l'individu.

En revanche, les sociétés anglo-saxonnes sont réputées individualistes. Elles valorisent l'autonomie, l'initiative personnelle et la réussite individuelle.

Selon de nombreuses études, le collectivisme aurait des conséquences néfastes sur la dynamique et la réussite entrepreneuriales en ce sens qu'il :

- Découragerait l'initiative individuelle car l'individu ne se projette qu'à l'intérieur du groupe.
- Interdirait la notion d'accomplissement de soi puisque c'est la réussite du groupe qui prime
- Augmenterait la peur de l'échec vu que ce sont la stabilité et la conformité qui sont mises en avant

En Côte d'Ivoire, cette tendance collectiviste est particulièrement présente. L'opinion et l'adhésion au groupe, qu'il soit social, ethnique ou religieux, jouent un rôle crucial dans la vie quotidienne des individus.

Les ivoiriens sont souvent motivés par le désir de ne pas être exclus du groupe et cherchent à s'épanouir tout en respectant les normes et les attentes sociales qui règlent la communauté.

En cas d'exclusion du groupe, il est important de noter qu'elle n'est pas nécessairement liée aux actions entreprises, mais plutôt à la manière dont ces actions sont perçues par le groupe.

Par exemple, un individu peut être critiqué ou rejeté s'il ne respecte pas les valeurs de respect, de réciprocité, d'empathie et d'obéissance envers ses parents.

En conséquence, le groupe est donc effectivement un cadre pour l'action et l'épanouissement individuel.

Germain OLLO résumait ce phénomène par cette phrase : « La vie est collective, mais le destin est singulier » *(G. OLLO, 2020)*.

Ayant bénéficié dans sa jeunesse de la volonté du gouvernement de mettre en avant la réussite des jeunes diplômés, il a certes grandi dans un contexte centré sur les individus qui pourrait se rapprocher des cultures individualistes.

Pour autant, cette période de sa vie n'a jamais pu lui faire oublier qu'il était issu d'une culture collectiviste.

Cet enracinement culturel l'a conduit à adopter une approche équilibrée dans ses objectifs, privilégiant l'intérêt général de sa communauté et de son pays, par rapport à des buts purement individuels comme l'accumulation de richesses.

Cette démarche montre comment sa culture a façonné ses priorités et ses valeurs, plaçant l'engagement envers la collectivité au cœur de son action entrepreneuriale.

Le partage de son succès avec sa communauté, à travers ses investissements dans sa ville natale et une politique d'embauche favorables aux membres de son territoire, met en lumière son engagement envers la solidarité et la responsabilité sociales, qui sont des valeurs profondément ancrées dans la culture ivoirienne.

En conclusion, loin de constituer un obstacle à sa réussite, l'aspect collectiviste de sa culture a été le socle sur lequel Germain OLLO a construit sa vision entrepreneuriale.

- <u>Le contrôle de l'incertitude</u>

Toujours d'après les travaux de Hofstede, une des dimensions qui permet de constater les différences culturelles est le contrôle de l'incertitude.

Ce critère cherche à mesurer à quel point les individus sont à l'aise face à l'inconnu et l'ambiguïté.

Dans les sociétés occidentales, l'incertitude est considérée comme facteur de risque et d'anxiété.

Aussi, face à un avenir imprévisible et un environnement turbulent, les entreprises consacrent de gros budgets aux études de marché et aux outils de prévision stratégiques.

Dans les sociétés africaines, cette peur de l'avenir est quasiment absente. En effet, les africains savent par expérience, que les problèmes, qu'ils s'agissent de maladies, de conflits, ou de phénomènes climatiques, surgiront.

Partant de là, ils se basent plutôt sur le passé, qui lui est sûr et sur le présent, parce qu'ils ont la possibilité de le façonner.

Ainsi l'incertitude, qui est uniquement reliée à l'avenir, n'est pas un sujet de réflexion puisqu'elle ne peut pas être contrôlée.

Pour résumer « Hier est de l'histoire, demain est un mystère, aujourd'hui est un cadeau. » *(Eleanor Roosevelt).*

J'ai eu la preuve de cette mentalité pendant la période du Covid.

En effet, alors que le monde entier était à l'arrêt, j'ai été sidérée de voir que Germain OLLO continuait à investir.

- Président, vous n'avez pas peur d'investir en ce moment ? On ne sait pas combien de temps l'épidémie va durer et les affaires commencent à souffrir.

- Oui c'est vrai. Mais il faut le faire et tout ça passera. Quand tout reprendra, on sera content d'être prêts. C'est sûr, ça va être plus dur, mais ce ne sera pas la première fois.

Cette absence de peur face à l'avenir, en libérant l'esprit de l'anxiété, a comme grand avantage d'alléger le poids des décisions.

En conséquence, cela permet de faire des choix ancrés dans le temps présent, en étant prêts à toutes les éventualités futures.

Germain OLLO disait : « Sachez aussi que pour faire au moins quelque chose de votre vie, il faudra faire des choix, mais il ne faudra surtout pas les regretter et s'en servir plutôt comme expérience. Aussi quand vous avez une idée, il faudra vous décider le plus tôt possible, afin de ne pas perdre du temps.» (G OLLO, 2020).

Cette affirmation, qui démontre une grande sérénité face aux choix et à leurs conséquences futures, introduit également sa notion du temps.

Pour Germain OLLO, le but n'était pas de gagner du temps, de contrôler le temps, mais de ne pas le perdre.

Cette nuance peut sembler infime au premier abord, mais elle est essentielle pour comprendre la résilience des ivoiriens.

- <u>Le rapport au temps</u>

Le temps c'est de l'argent ! Combien de fois n'avons-nous pas entendu cette phrase ?

Dans les cultures occidentales, où l'accumulation de richesses est souvent le principal objectif des entreprises, le temps est une ressource précieuse et rare dans le sens où il ne peut être ni produit, ni acheté, ni vendu.

Par conséquent, la seule possibilité est de le gérer et de le contrôler.

Pour ce faire, différentes méthodes sont utilisées, telles que la priorisation des tâches, l'optimisation des processus et le développement de technologies toujours plus performantes.

Dans ce contexte, la ponctualité est une vertu essentielle.

Germain OLLO, n'avait pas cette vision du temps. Sa ponctualité, par exemple, laissait souvent à désirer.

Lorsque j'essayais de lui expliquer ma conception du temps, alors qu'il était vice-président du Sénat et que nous l'attentions à cause de son planning surchargé :

- Président, quand nous attendons une heure ou deux votre arrivée lors d'une réunion, la réunion vous coûte cher, car pendant ce temps nous ne faisons rien.

Il me répondait :

- Sophie, excusez-moi de vous faire attendre, mais mon temps appartient à la Côte d'Ivoire et je l'utilise du mieux que je peux.

Au début, cette réponse me déroutait. Et puis j'ai fini par comprendre que pour Germain OLLO, la seule relation possible avec le temps était de l'utiliser de manière optimale.

Il était parfaitement conscient que le temps était limité.

Ainsi il déclarait : « On a qu'une seule vie pour changer le monde avec le peu qu'on a et dont nous sommes capables, on a qu'une seule vie pour réaliser nos rêves et laisser nos marques. Alors assurons nous que quand le jour de notre départ arrivera, nos mémoires soient présentées comme celles de personnes ayant marquées positivement l'histoire. ». *(G. OLLO, 2021).*

Cette conception montre clairement que pour Germain OLLO, le temps n'a que deux finalités : être utile et laisser son empreinte.

La notion d'utilité pour Germain OLLO ne se limitait pas à son activité entrepreneuriale.

Pour lui, le temps passé en interactions avec les gens, était aussi, voire plus important, que le temps consacré à l'économie.

Cette conception plus sociale qu'économique du temps, très répandue en Afrique, a deux conséquences majeures.

La première est qu'elle accorde une importance primordiale à l'humain.

Ainsi par exemple, il est impensable de ne pas envoyer un représentant de l'entreprise pendant son temps de travail, visiter la famille d'un collaborateur lors de grands évènements familiaux comme le mariage ou le décès.

Il serait également très mal venu de commencer un entretien ou un rendez-vous en entrant dans le vif du sujet, sans avoir au préalable évoqué des sujets d'ordres généraux qui mettent l'interlocuteur plus à l'aise et créent ainsi une connexion plus cordiale.

La seconde conséquence de cette perception du temps, est que le plus important est de réaliser quelque chose, d'avoir la persévérance de le faire progresser et la patience d'attendre les résultats de son action.

Comme disait Germain OLLO, soyez patients « ce que vous êtes, nous l'avons été, et ce que nous sommes vous le deviendrez.

CONCLUSION

Ainsi s'achève cette très brève évocation de l'histoire du grand entrepreneur que fut Germain OLLO. La description de son parcours et l'examen des clés de sa réussite brisent de nombreux stéréotypes associés à l'Afrique.

Germain OLLO nous transmet une parole essentielle en nous démontrant que tout être humain a la capacité d'aller au-delà de ses incapacités afin d'être une personne capable », (*G OLLO, 2020*) du moment qu'il croit en lui-même, qu'il a une passion et le courage d'oser.

Selon Germain OLLO, Dieu a fait l'homme à son image et lui a donc donné autorité sur tout, y compris sur le contexte économique et sur la nature de son environnement.

Ainsi, même celui qui débute sa vie dans des conditions difficiles, peut grâce à sa rage de réussir « commencer par de petites choses avec pour seule volonté de finir par de grandes & belles choses », (*G OLLO, 2020*).

À ceux qui n'avaient pas eu la possibilité de faire des études, il avait coutume de dire : « Tu n'as peut être pas le BAC, mais tu as la possibilité d'œuvrer afin que celui qui a le doctorat travaille pour toi. Ton succès dépend de ta volonté, de ton courage et du but que tu te fixes », (*G OLLO, 2020*)

Par ailleurs, Germain OLLO nous prouve qu'il est possible pour des africains, de créer des entreprises destinées en priorité au marché local très florissantes.

Pour ce faire, il faut en premier lieu aimer profondément son pays et bien le connaître, afin de comprendre les attentes et les besoins de ses habitants.

Il faut ensuite avoir la profonde conviction que l'excellence peut être africaine et qu'il n'est pas besoin d'importer des produits ou des services d'occident pour satisfaire sa clientèle africaine.

Enfin, et c'est peut-être l'enseignement le plus inspirant et le plus important, Germain OLLO nous enseigne que la culture africaine en général et la culture ivoirienne en particulier, n'est pas un frein au développement de l'entrepreneuriat.

En combinant les traits de personnalité communs à tous les grands entrepreneurs et les principes, essentiels pour lui, de sa culture ivoirienne, il prouve qu'il existe un autre chemin que celui du « copié collé » des pratiques occidentales.

En conclusion, le parcours exceptionnel de Germain OLLO, démarré dans un contexte économique très difficile et effectué dans un environnement très changeant, incarne l'esprit d'entreprise africain tant dans sa diversité que dans sa force.

Son exemple, modèle pour l'actuelle génération d'entrepreneurs, ouvre également un champs des possibles aux nouvelles générations dans le sens où il combine approche culturelle et démarche entrepreneuriale.

Au vu du parcours de Germain OLLO, il est indéniable que cette convergence peut faire espérer l'émergence d'un plus grand nombre d'entrepreneurs à succès sur le continent africain.

www.ingramcontent.com/pod-product-compliance
Lightning Source LLC
Chambersburg PA
CBHW070201230526
45471CB00002B/764